Impressum
Verlag: BABADADA GmbH, Nedderfeld 112 , 22529 Hamburg
Geschäftsführer / Verlagsleitung: Harald Hof
Druck: Books on Demand GmbH, In de Tarpen 42, 22848 Norderstedt

Imprint
Publisher: BABADADA GmbH, Nedderfeld 112 , 22529 Hamburg, Germany
Managing Director / Publishing direction: Harald Hof
Print: Books on Demand GmbH, In de Tarpen 42, 22848 Norderstedt

# σχολείο

# escola

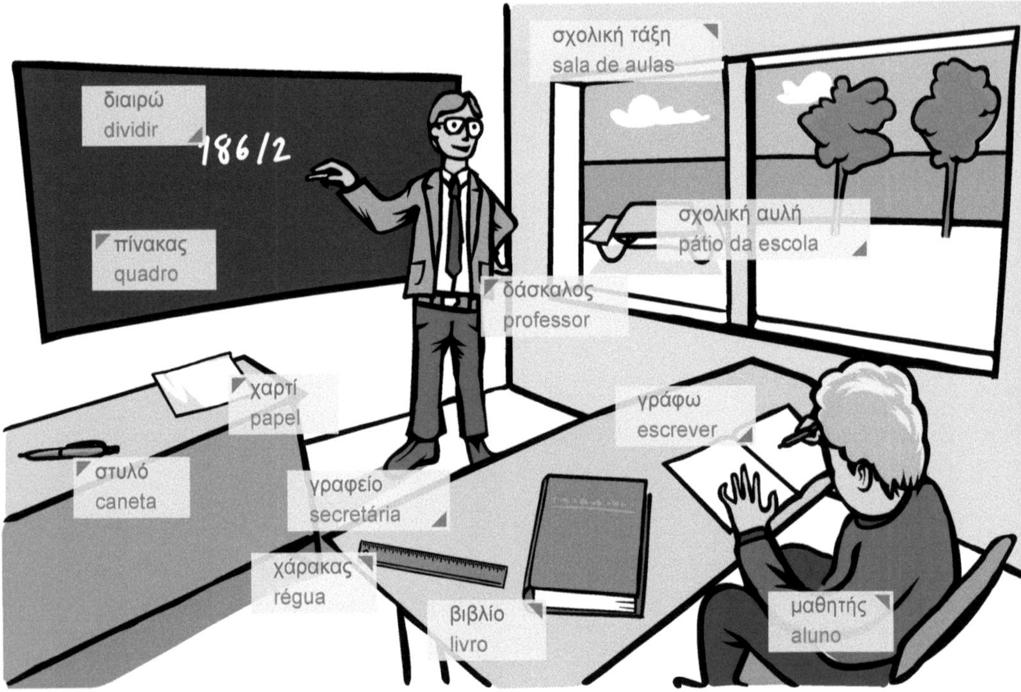
σχολική τάξη
sala de aulas
διαιρώ
dividir
186/2
πίνακας
quadro
σχολική αυλή
pátio da escola
δάσκαλος
professor
χαρτί
papel
γράφω
escrever
στυλό
caneta
γραφείο
secretária
χάρακας
régua
βιβλίο
livro
μαθητής
aluno

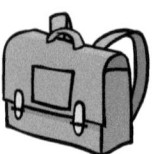

σχολική τσάντα

mochila

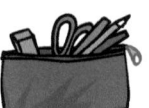

κασετίνα/ μολυβοθήκη

estojo de lápis

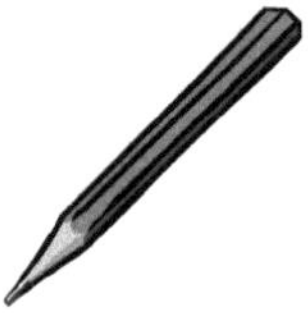

μολύβι

lápis

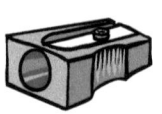

ξύστρα

afia-lápis

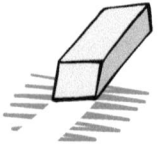

γόμα

borracha

μπλοκ ζωγραφικής

bloco de desenho

ζωγραφική

desenho

πινέλο

pincel

κουτί χρωμάτων

caixa de tintas

ψαλίδι

tesoura

κόλλα

cola

τετράδιο ασκήσεων

livro de exercícios

εργασία για το σπίτι

trabalhos de casa

αριθμός

número

2+2

προσθέτω

somar

5-2

αφαιρώ

subtrair

2×2

πολλαπλασιάζω

multiplicar

υπολογίζω

calcular

A

γράμμα

letra

ABCDEFG
HIJKLMN
OPQRSTU
VWXYZ

αλφάβητο

alfabeto

hello

λέξη

palavra

κείμενο

texto

διαβάζω

ler

κιμωλία

giz

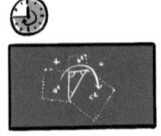

μάθημα

hora

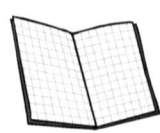

εγγράφομαι

registo de presenças

τεστ

exame

πιστοποιητικό

certificado

μαθητική στολή

uniforme escolar

εκπαίδευση

educação

εγκυκλοπαίδεια

enciclopédia

πανεπιστήμιο

universidade

μικροσκόπιο

microscópio

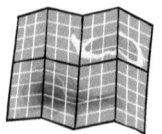

χάρτης

mapa

καλάθι αχρήστων

cesto de lixo

# ταξίδι
# viagem

ξενοδοχείο
hotel
Grand
ξενώνας
hostel
ROOMS
EXCHANGE
ανταλλακτήρια συναλλάγματος
casa de câmbio
βαλίτσα
mala
αυτοκίνητο
carro

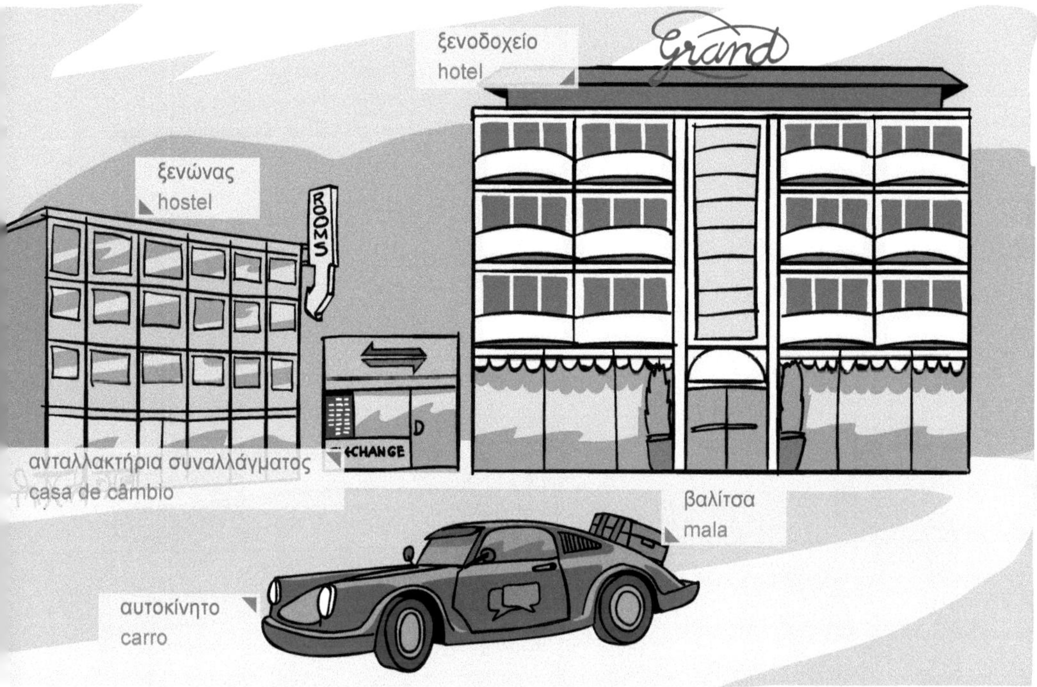

γλώσσα

idioma

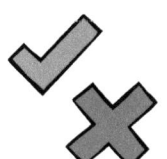

ναι / όχι

sim / não

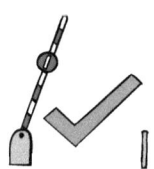

εντάξει

ok / certo / correto

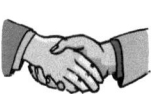

γεια σου

olá

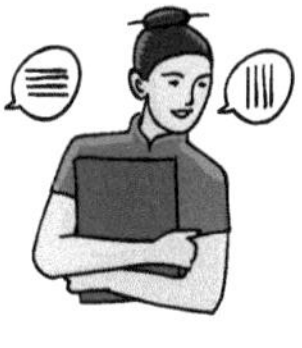

μεταφραστής

intérprete

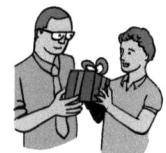

Ευχαριστώ

obrigado

πόσο κάνει ;

quanto é que custa... ?

Δε καταλαβαίνω

não entendo

πρόβλημα

problema

Καλησπέρα!

boa noite!

Καλημέρα!

Bom dia!

Καληνύχτα!

Boa noite!

Αντίο

adeus

κατεύθυνση

direção

αποσκευές

bagagem

τσάντα

saco

σακίδιο πλάτης

mochila

καλεσμένος

convidado

δωμάτιο

quarto

υπνόσακος

saco-cama

σκηνή

tenda

τουριστικές πληροφορίες

informação turística

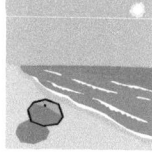

παραλία

praia

πιστωτική κάρτα

cartão de crédito

πρωινό

pequeno-almoço

μεσημεριανό

almoço

δείπνο

jantar

εισιτήριο

bilhete

ανελκυστήρας

elevador

γραμματόσημο

selo postal

σύνορα

fronteira

τελωνείο

alfândega

πρεσβεία

embaixada

βίζα

visto

διαβατήριο

passaporte

# μεταφορά
# transporte

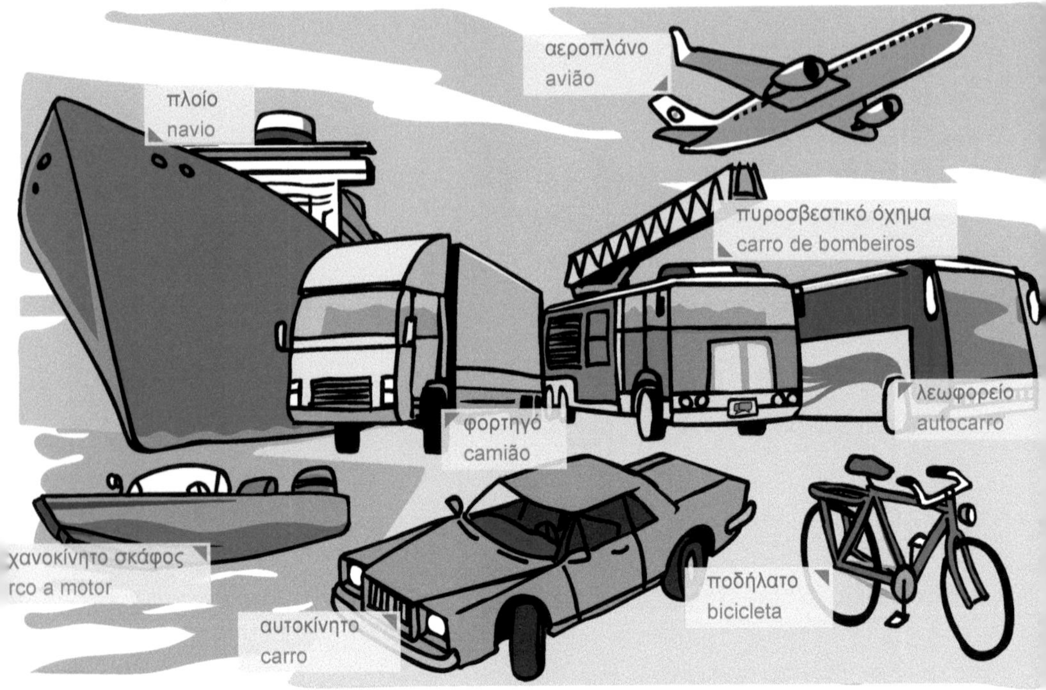
αεροπλάνο
avião
πλοίο
navio
πυροσβεστικό όχημα
carro de bombeiros
λεωφορείο
autocarro
φορτηγό
camião
χανοκίνητο σκάφος
rco a motor
ποδήλατο
bicicleta
αυτοκίνητο
carro

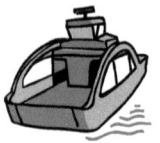

φεριμπότ

cacilheiro

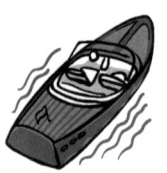

βάρκα

barco

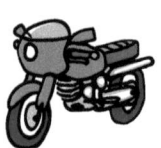

μοτοσικλέτα

mota

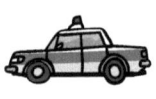

περιπολικό

carro de polícia

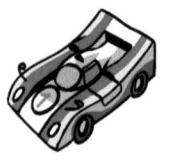

αγωνιστικό αυτοκίνητο

carro de corrida

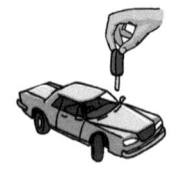

ενοικιαζόμενο αυτοκίνητο

carro alugado

διαμοιρασμός αυτοκινήτων

carsharing

γερανός

camião de reboque

απορριμματοφόρο

camião do lixo

κινητήρας

motor

καύσιμο

combustível

βενζινάδικο

estação de serviço

πινακίδα σήμανσης

sinal de trânsito

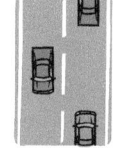

κυκλοφορία

trânsito

κυκλοφοριακή συμφόρηση

congestionamento de trânsito

χώρος στάθμευσης

parque de estacionamento

σιδηροδρομικός σταθμός

estação ferroviária

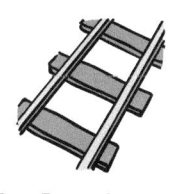

σιδηροδρομικές γραμμές

carris

τρένο

comboio

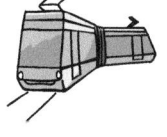

τραμ

elétrico

βαγόνι

carruagem

ελικόπτερο

helicóptero

αεροδρόμιο

aeroporto

πύργος

torre

επιβάτης

passageiro

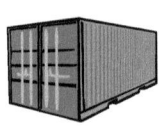

εμπορευματοκιβώτιο

contentor

χαρτοκιβώτιο

caixa de papelão

καρότσι

carrinho

καλάθι

cesto

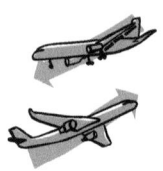

απογειώνομαι /
προσγειόνομαι

levantar voo / aterrar

## πόλη
## cidade

χωριό

aldeia

κέντρο της πόλης

centro da cidade

σπίτι

casa

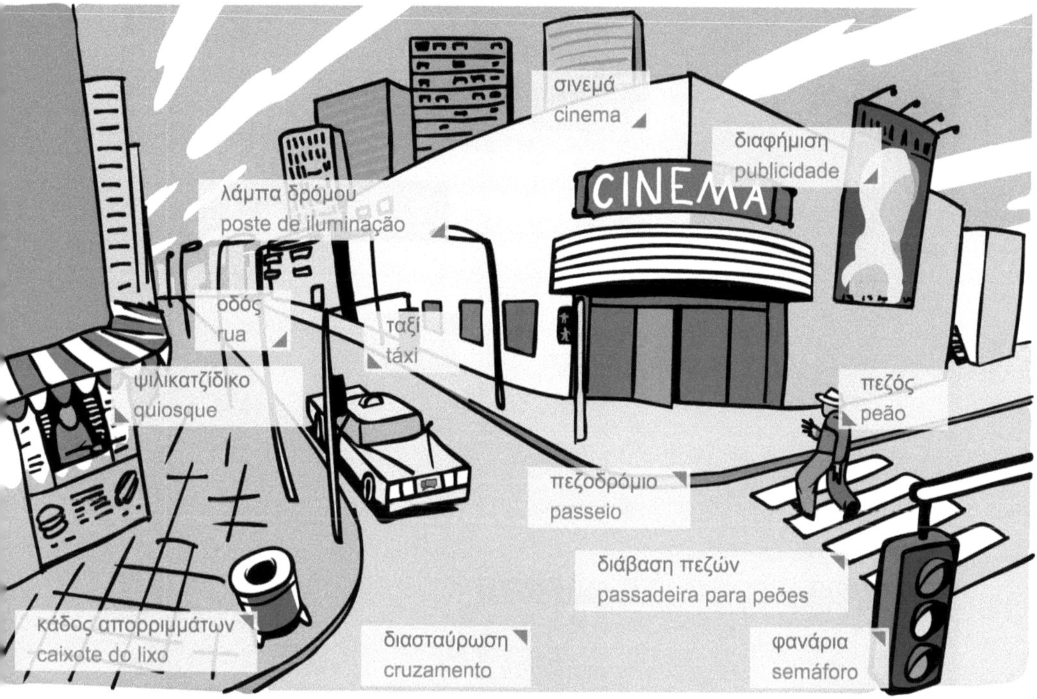

σινεμά
cinema
διαφήμιση
publicidade
λάμπα δρόμου
poste de iluminação
CINEMA
οδός
rua
ταξί
táxi
ψιλικατζίδικο
quiosque
πεζός
peão
πεζοδρόμιο
passeio
διάβαση πεζών
passadeira para peões
κάδος απορριμμάτων
caixote do lixo
διασταύρωση
cruzamento
φανάρια
semáforo

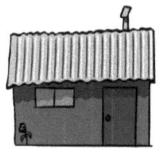

καλύβα
cabana

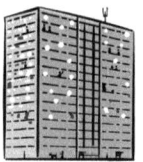

διαμέρισμα
apartamento

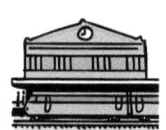

σιδηροδρομικός σταθμός
estação ferroviária

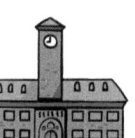

δημαρχείο
câmara municipal

MUSEUM
μουσείο
museu

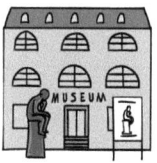

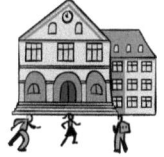

σχολείο
escola

πανεπιστήμιο

universidade

τράπεζα

banco

νοσοκομείο

hospital

ξενοδοχείο

hotel

φαρμακείο

farmácia

γραφείο

escritório

βιβλιοπωλείο

livraria

κατάστημα

loja

ανθοπωλείο

florista

σούπερ μάρκετ

supermercado

αγορά

mercado

πολυκατάστημα

loja de departamentos

ιχθυοπωλείο

peixaria

εμπορικό κέντρο

centro comercial

λιμάνι

porto

πάρκο

parque

παγκάκι

banco

γέφυρα

ponte

σκάλες

escadas

μετρό

metro

τούνελ

túnel

στάση λεωφορείου

paragem de autocarro

μπαρ

bar

εστιατόριο

restaurante

γραμματοκιβώτιο

caixa de correio

πινακίδα δρόμου

sinal de trânsito

παρκόμετρο

parquímetro

ζωολογικός κήπος

jardim zoológico

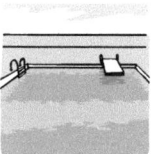

πισίνα

piscina

τζαμί

mesquita

πόλη - cidade

αγρόκτημα

quinta

ρύπανση

poluição

νεκροταφείο

cemitério

εκκλησία

igreja

παιδική χαρά

parque infantil

ναός

templo

# τοπίο

## paisagem

φύλλο
folha

πινακίδα κατεύθυνσης
placa de sinalização

δρόμος
caminho

λιβάδι
prado

πέτρα
pedra

δέντρο
árvore

πεζοπόρος
caminhantes

ποτάμι
rio

χορτάρι
relva

λουλούδι
flor

κοιλάδα
vale

λόφος
montanha

λίμνη
lago

δάσος
floresta

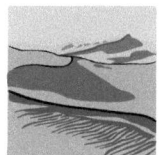

έρημος
deserto

ηφαίστειο
vulcão

κάστρο
castelo

ουράνιο τόξο
arco-íris

μανιτάρι
cogumelo

φοίνικας
palma

κουνούπι
mosquito

μύγα
mosca

μυρμήγκι
formiga

μέλισσα
abelha

αράχνη
aranha

σκαθάρι

besouro

βάτραχος

sapo

σκίουρος

esquilo

σκαντζόχοιρος

ouriço

λαγός

lebre

κουκουβάγια

coruja

πουλί

pássaro

κύκνος

cisne

αγριογούρουνο

javali

ελάφι

veado

άλκη

alce

φράγμα

barragem

ανεμογεννήτρια

turbina eólica

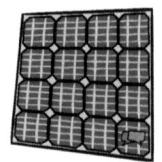

ηλιακός συλλέκτης

painel solar

κλίμα

clima

# εστιατόριο
# restaurante

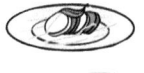

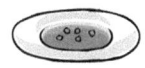

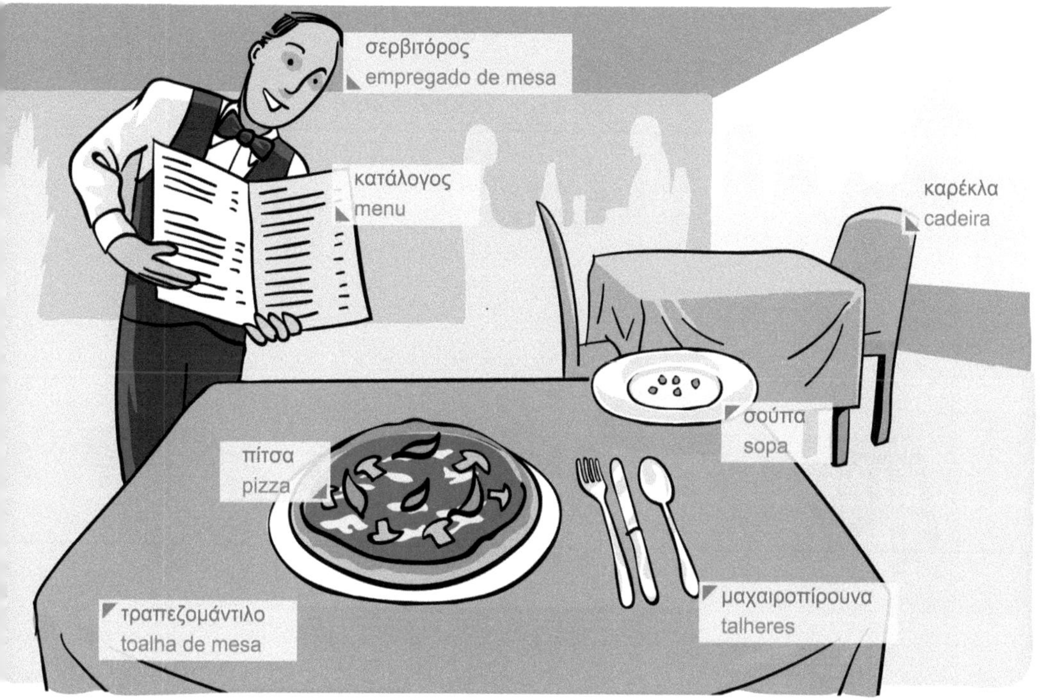

σερβιτόρος
empregado de mesa
κατάλογος
menu
καρέκλα
cadeira
σούπα
sopa
πίτσα
pizza
τραπεζομάντιλο
toalha de mesa
μαχαιροπίρουνα
talheres


ορεκτικό
..................
entrada

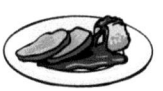

κύριο πιάτο
..................
prato principal

επιδόρπιο
..................
sobremesa

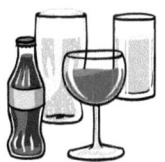

ποτά
..................
bebidas

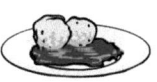

φαγητό
..................
comida

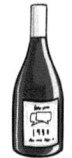

μπουκάλι
..................
garrafa

φαστ φουντ

fast food

φαγητό στ' όρθιο

comida de rua

τσαγιέρα

bule de chá

δοχείο ζάχαρης

açucareiro

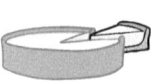

μερίδα

porção

μηχανή εσπρέσο

máquina de café expresso

ψηλή καρέκλα

cadeira alta

λογαριασμός

conta

δίσκος

bandeja

μαχαίρι

faca

πιρούνι

garfo

κουτάλι

colher

κουταλάκι του τσαγιού

colher de chá

πετσέτα φαγητού

guardanapo

ποτήρι

copo

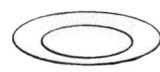

πιάτο
prato

πιάτο σούπας
prato de sopa

πιατάκι φλιτζανιού
pires

σάλτσα
molho

αλατιέρα
saleiro

μύλος για πιπέρι
moinho de pimenta

ξύδι
vinagre

λάδι
óleo

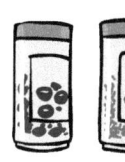

μπαχαρικά
especiarias

κέτσαπ
ketchup

μουστάρδα
mostarda

μαγιονέζα
maionese

# σούπερ μάρκετ
## supermercado

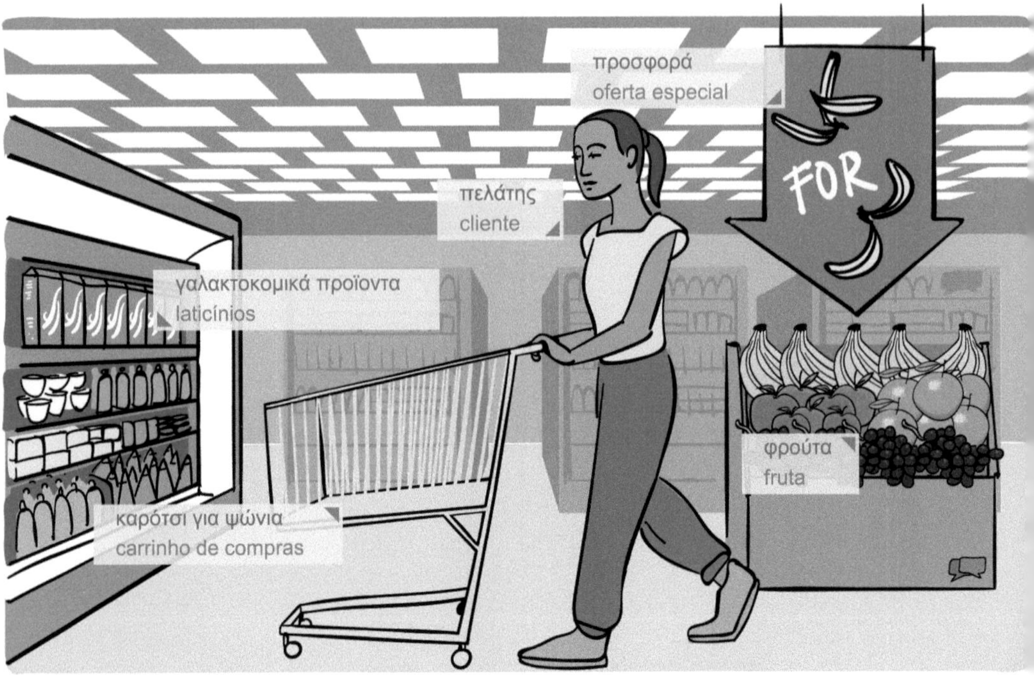

προσφορά
oferta especial
FOR
πελάτης
cliente
γαλακτοκομικά προϊόντα
laticínios
φρούτα
fruta
καρότσι για ψώνια
carrinho de compras

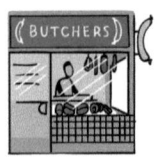

BUTCHERS

κρεοπωλείο

talho

BAKERY

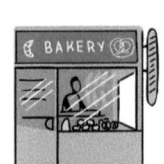

φούρνος

padaria

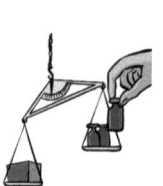

ζυγίζω

pesar

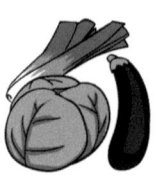

λαχανικά

vegetais

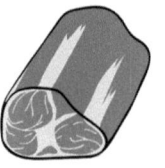

κρέας

carne

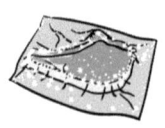

κατεψυγμένα τρόφιμα

alimentos congelados

αλλαντικά

charcutaria

κονσερβοποιημένη τροφή

comida enlatada

απορρυπαντικό ρούχων

detergente em pó

γλυκά

doces

οικιακά είδη

artigos domésticos

καθαριστικά προϊόντα

produtos de limpeza

πωλήτρια

vendedora

ταμείο

caixa

ταμίας

caixa

λίστα για ψώνια

lista de compras

ωράριο λειτουργίας

horário de funcionamento

πορτοφόλι

carteira

πιστωτική κάρτα

cartão de crédito

τσάντα

saco

πλαστική σακούλα

saco de plástico

νερό

água

χυμός

sumo

γάλα

leite

κόκα κόλα

coca-cola

κρασί

vinho

μπίρα

cerveja

αλκοόλ

álcool

κακάο

cacau

τσάι

chá

καφές

café

εσπρέσο

café expresso

καπουτσίνο

capuccino

μπανάνα

banana

μήλο

maçã

πορτοκάλι

laranja

πεπόνι

melão

λεμόνι

limão

καρότο

cenoura

σκόρδο

alho

μπαμπού

bambu

κρεμμύδι

cebola

μανιτάρι

cogumelo

ξηροί καρποί

nozes

νουντλς

talharim

μακαρόνια

esparguete

ρύζι

arroz

σαλάτα

salada

πατατάκια

batatas fritas

τηγανητές πατάτες

batatas fritas

πίτσα

pizza

χάμπουργκερ

hambúrguer

σάντουιτς

sanduíche

κοτολέτα

bife panado

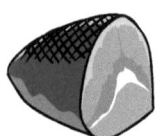

ζαμπόν

fiambre

σαλάμι

salame

λουκάνικο

salsicha

κοτόπουλο

galinha

ψητό

assado

ψάρι

peixe

χυλός βρώμης

flocos de aveia

μούσλι

muesli

κορν φλέικς

flocos de milho

αλεύρι

farinha

κρουασάν

croissant

ψωμάκι

carcaça (pãozinho)

ψωμί

pão

τοστ

torrada

μπισκότα

biscoitos

βούτυρο

manteiga

τυρόπηγμα

requeijão

κέικ

bolo

αυγό

ovo

τηγανητό αυγό

ovo estrelado

τυρί

queijo

παγωτό

gelado

ζάχαρη

açúcar

μέλι

mel

μαρμελάδα

compota

άλλειμμα σοκολάτας

creme de nougat

κάρυ

caril

φαγητό - comida

# αγρόκτημα
# quinta

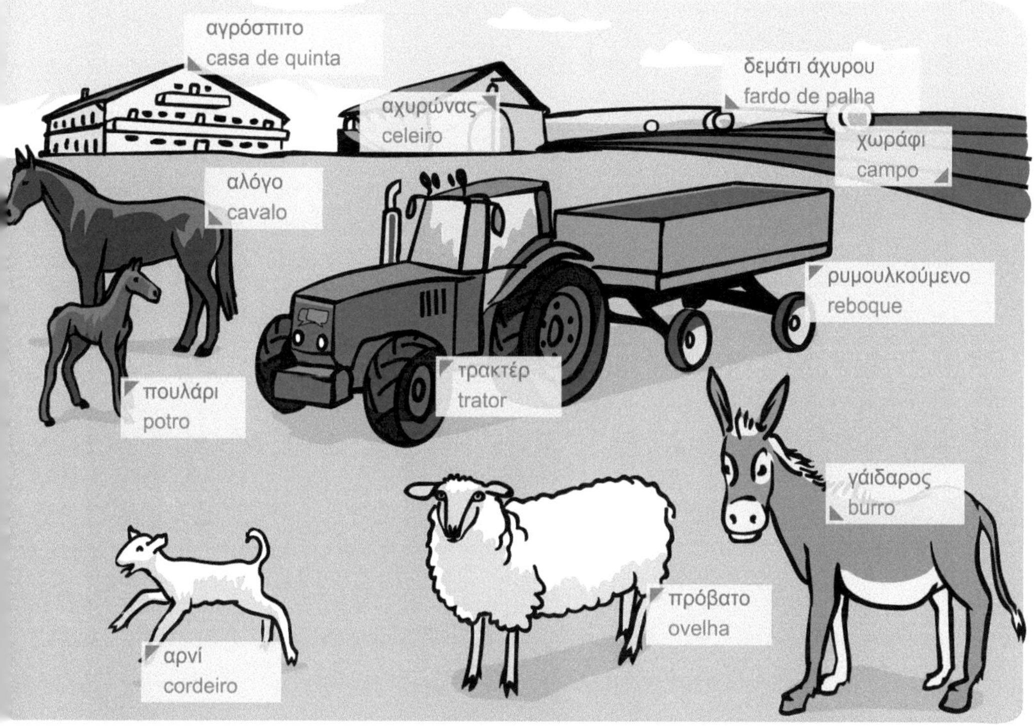
αγρόσπιτο
casa de quinta
αχυρώνας
celeiro
δεμάτι άχυρου
fardo de palha
χωράφι
campo
αλόγο
cavalo
ρυμουλκούμενο
reboque
πουλάρι
potro
τρακτέρ
trator
γάιδαρος
burro
πρόβατο
ovelha
αρνί
cordeiro

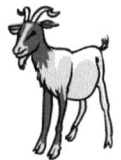

κατσίκα

cabra

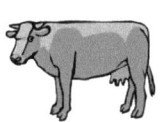

αγελάδα

vaca

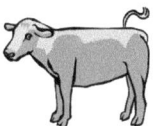

μοσχαράκι

bezerro

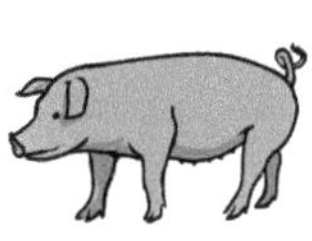

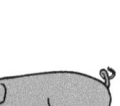

γουρούνι

porco

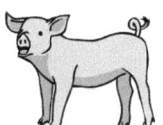

γουρουνάκι

leitão

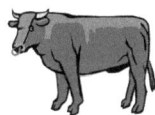

ταύρος

touro

χήνα

ganso

πάπια

pato

κοτοπουλάκι

pintaínho

κότα

galinha

κόκορας

galo

αρουραίος

ratazana

γάτα

gato

ποντίκι

rato

βόδι

boi

σκύλος

cão

σπιτάκι σκύλου

casota

λάστιχο κήπου

mangueira de jardim

ποτιστήρι

regador

θεριστήρι

foice

αλέτρι

arado

δρεπάνι
foice

τσάπα
enxada

δίκρανο
forquilha

τσεκούρι
machado

χειράμαξα
carrinho de mão

ταΐστρα
manjedoura

δοχείο γάλακτος
jarro de leite

σάκος
saco

φράχτης
cerca

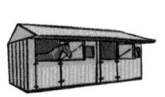

στάβλος
estábulo

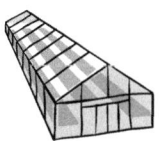

θερμοκήπιο
estufa

έδαφος
solo

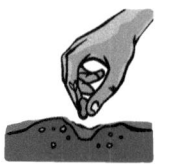

σπόρος
semente

λίπασμα
fertilizante

θεριζοαλωνιστική μηχανή
ceifeira-debulhadora

θερίζω

colher

συγκομιδή

colheita

γιαμς

inhame

σιτάρι

trigo

σόγια

soja

πατάτα

batata

καλαμπόκι

milho

κράμβη

colza

οπωροφόρο δέντρο

árvore de fruto

μανιόκα

mandioca

δημητριακά

cereais

# σπίτι

# casa

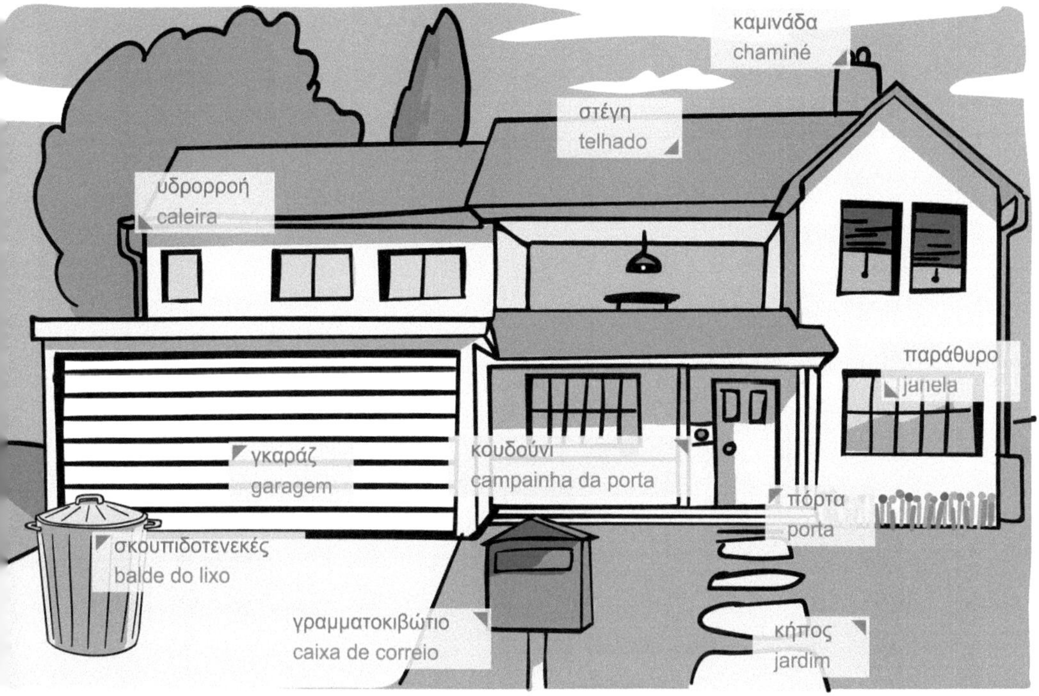

καμινάδα
chaminé
στέγη
telhado
υδρορροή
caleira
παράθυρο
janela
γκαράζ
garagem
κουδούνι
campainha da porta
πόρτα
porta
σκουπιδοτενεκές
balde do lixo
γραμματοκιβώτιο
caixa de correio
κήπος
jardim


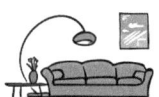

σαλόνι

sala de estar

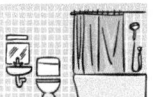

μπάνιο

casa de banho

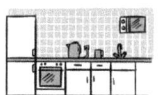

κουζίνα

cozinha

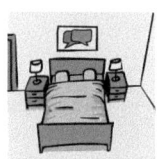

υπνοδωμάτιο

quarto de dormir

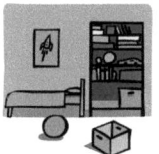

παιδικό δωμάτιο

quarto de criança

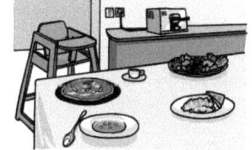

τραπεζαρία

sala de jantar

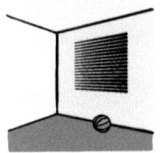

πάτωμα

chão

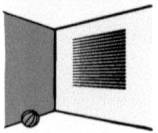

τοίχος

parede

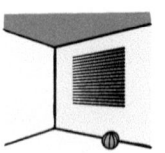

οροφή

teto

κελάρι

cave

σάουνα

sauna

μπαλκόνι

varanda

βεράντα

terraço

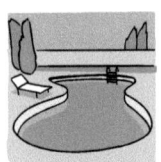

πισίνα

piscina

μηχανή του γκαζόν

máquina de cortar relvado

σεντόνι

lençol

κάλυμμα κρεβατιού

cobertor

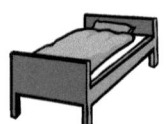

κρεβάτι

cama

σκούπα

vassoura

κουβάς

balde

διακόπτης

interruptor

# σαλόνι
# sala de estar

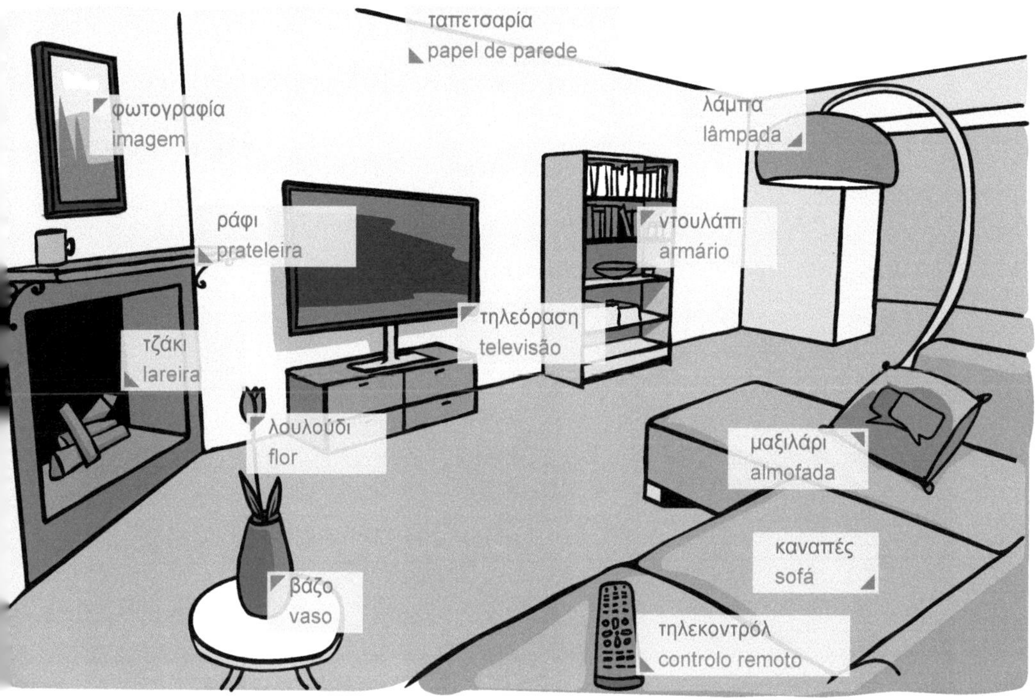

ταπετσαρία
papel de parede
φωτογραφία
imagem
λάμπα
lâmpada
ράφι
prateleira
ντουλάπι
armário
τηλεόραση
televisão
τζάκι
lareira
λουλούδι
flor
μαξιλάρι
almofada
καναπές
sofá
βάζο
vaso
τηλεκοντρόλ
controlo remoto


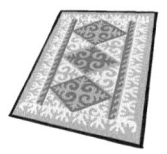

χαλί

tapete

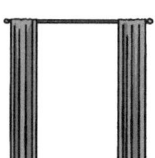

κουρτίνα

cortina

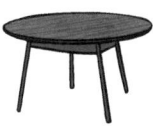

τραπέζι

mesa

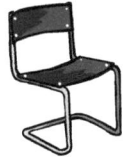

καρέκλα

cadeira

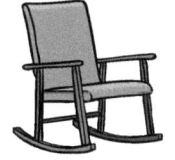

κουνιστή πολυθρόνα

cadeira de baloiço

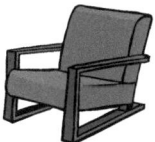

πολυθρόνα

poltrona

βιβλίο

livro

κουβέρτα

cobertor

διακόσμηση

decoração

καυσόξυλα

lenha

ταινία

filme

στερεοφωνικό σύστημα

sistema estéreo

κλειδί

chave

εφημερίδα

jornal

πίνακας ζωγραφικής

pintura

αφίσα

póster

ραδιόφωνο

rádio

σημειωματάριο

bloco de notas

ηλεκτρική σκούπα

aspirador

κάκτος

cato

κερί

vela

# κουζίνα
# cozinha

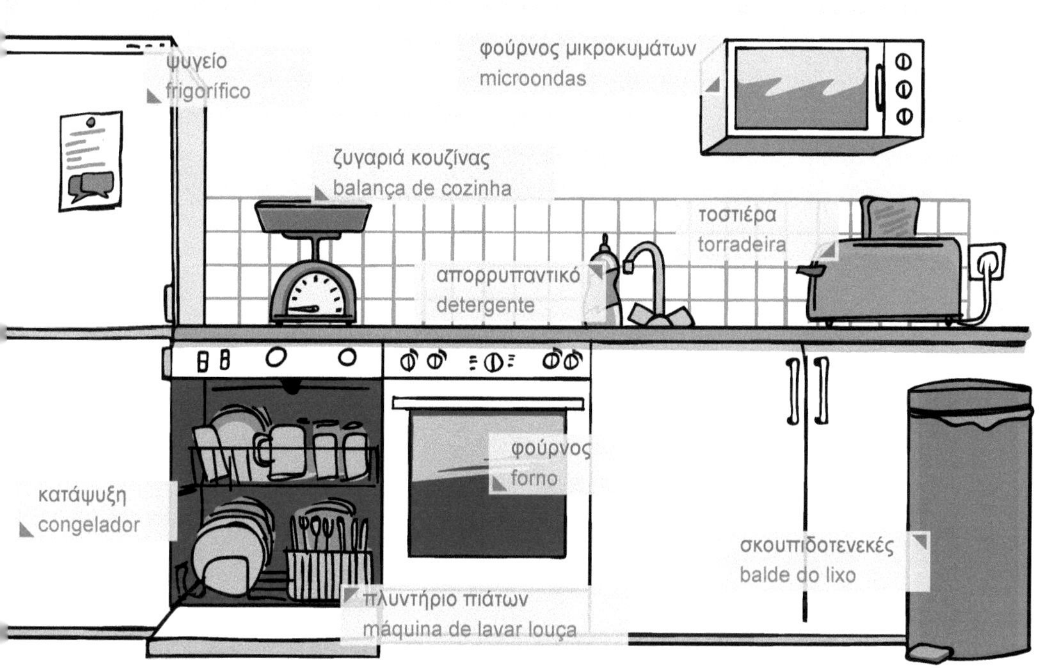

ψυγείο
frigorífico
φούρνος μικροκυμάτων
microondas
ζυγαριά κουζίνας
balança de cozinha
τοστιέρα
torradeira
απορρυπαντικό
detergente
φούρνος
forno
κατάψυξη
congelador
σκουπιδοτενεκές
balde do lixo
πλυντήριο πιάτων
máquina de lavar louça


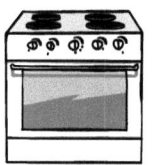

κουζίνα
fogão

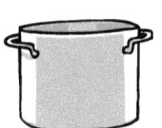

κατσαρόλα
panela

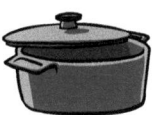

μαντεμένια κατσαρόλα
panela de ferro

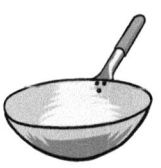

γουόκ/καντάι
wok / kadai

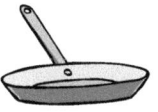

τηγάνι
frigideira

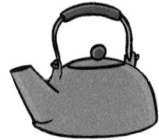

βραστήρας
chaleira

ατμομάγειρας

panela a vapor

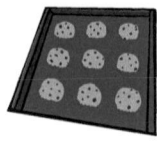

ταψί

tabuleiro de forno

πιατικά

louça

κούπα

caneca

μπολ

tigela

ξυλάκια

pauzinhos

κουτάλα

concha de sopa

σπάτουλα

espátula

ανακατεύω

batedor de claras

σουρωτήρι

escorredor

σουρωτηράκι

peneira

τρίφτης

ralador

γουδί

almofariz

ψησταριά

churrasqueira

ανοιχτή φωτιά

lareira

σανίδα κοπής

tábua de cortar

πλάστης

rolo da massa

ανοιχτήρι φελλών

saca-rolhas

κονσέρβα

lata

ανοιχτήρι κονσέρβας

abridor de latas

γάντι φούρνου

luvas de forno

νεροχύτης

lava-loiça

βούρτσα

escova

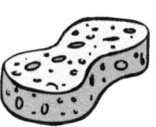

σφουγγάρι

esponja

μπλέντερ

liquidificador

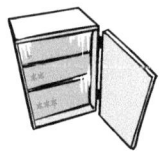

καταψύκτης

arca frigorífica

μπιμπερό

biberão

βρύση

torneira

# μπάνιο
# casa de banho

θέρμανση
aquecimento
πετσέτα
toalha
ντους
chuveiro
κουρτίνα ντους
cortina de chuveiro
αφρόλουτρο
banho de espuma
μπανιέρα
banheira
ποτήρι
copo
πλυντήριο ρούχων
máquina de lavar roupa
βρύση
torneira
πλακάκια
azulejos
γιογιό
penico
νεροχύτης
lava-loiça

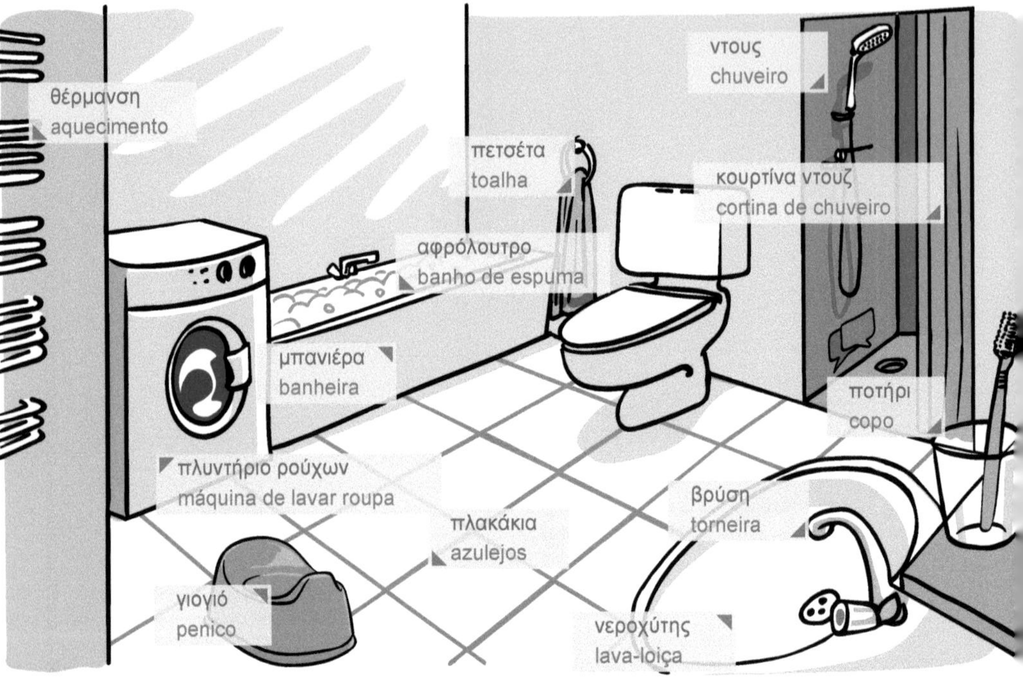

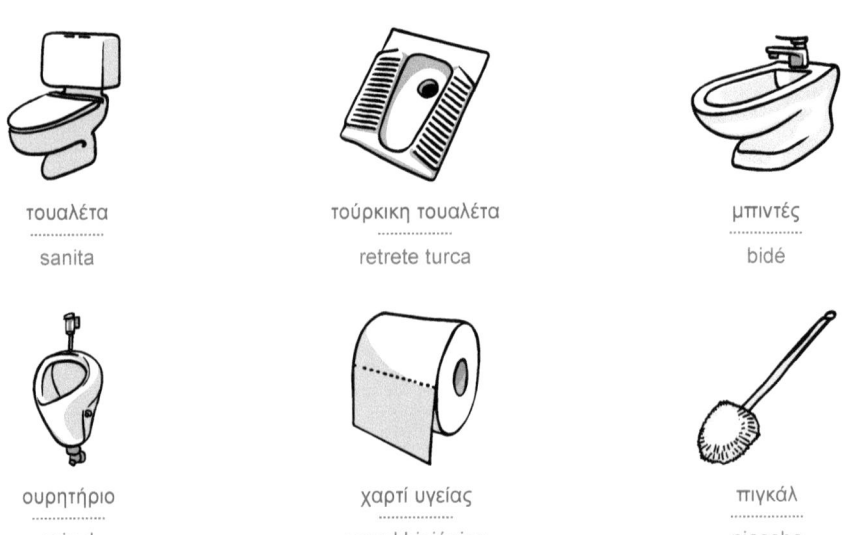

τουαλέτα

sanita

τούρκικη τουαλέτα

retrete turca

μπιντές

bidé

ουρητήριο

urinol

χαρτί υγείας

papel higiénico

πιγκάλ

piaçaba

οδοντόβουρτσα

escova de dentes

οδοντόκρεμα

pasta de dentes

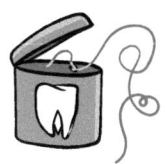

οδοντικό νήμα

fio dentário

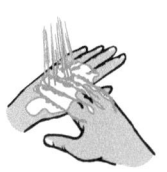

πλένω

lavar

τηλέφωνο ντους

chuveiro de mão

ντουσιέρα

duche íntimo

λεκάνη

bacia

βούρτσα πλάτης

escova para as costas

σαπούνι

sabonete

αφρόλουτρο

gel de banho

σαμπουάν

champô

φανέλα

toalha de rosto

σιφόνι

escoamento

κρέμα

creme

αποσμητικό

desodorizante

καθρέφτης
espelho

καθρέφτης χειρός
espelho de mão

ξυραφάκι
máquina de barbear

αφρός ξυρίσματος
creme de barbear

αφτερσέιβ
loção pós-barba

χτένα
pente

βούρτσα
escova

σεσουάρ
secador de cabelo

λακ
spray de cabelo

μακιγιάζ
maquilhagem

κραγιόν
batom

βερνίκι νυχιών
verniz de unhas

βαμβάκι
algodão

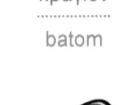

ψαλίδι νυχιών
tesoura para unhas

άρωμα
perfume

νεσεσέρ

nécessaire

σκαμπό

tamborete

ζυγαριά

balança

μπουρνούζι

roupão de banho

ελαστικά γάντια

luvas de borracha

ταμπόν

tampão

πετσέτα υγιεινής

penso higiénico

χημική τουαλέτα

WC químico

# παιδικό δωμάτιο
# quarto de criança

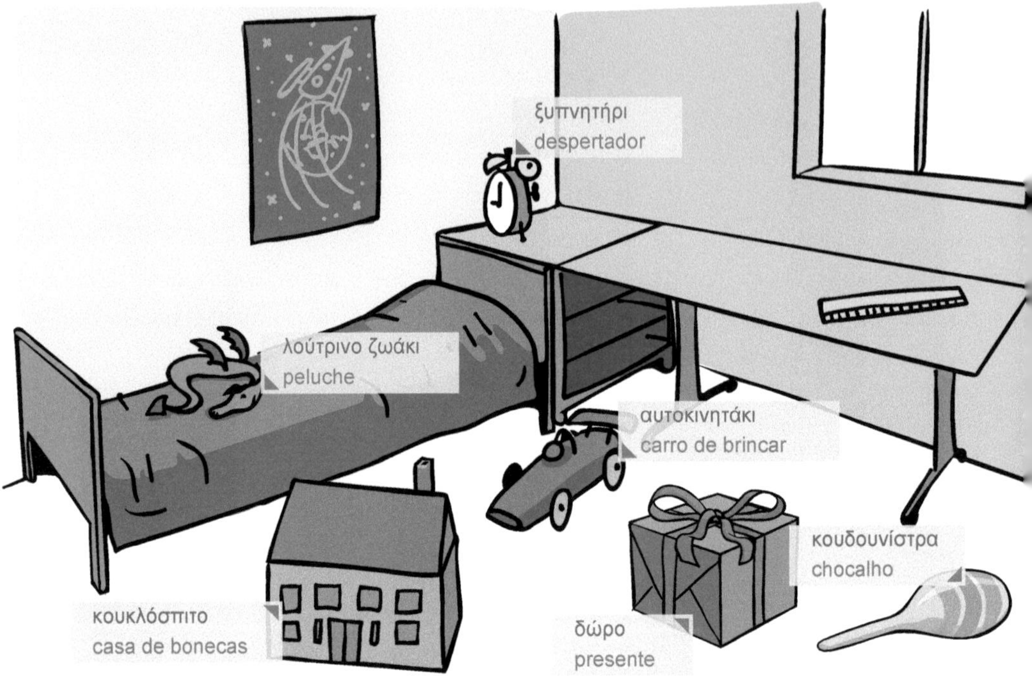

ξυπνητήρι
despertador
λούτρινο ζωάκι
peluche
αυτοκινητάκι
carro de brincar
κουδουνίστρα
chocalho
κουκλόσπιτο
casa de bonecas
δώρο
presente


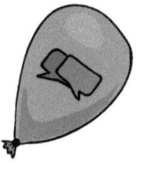

μπαλόνι

balão

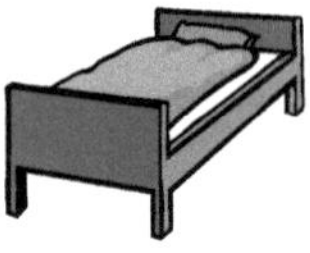

κρεβάτι

cama

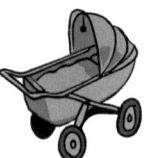

καροτσάκι

carrinho de bebé

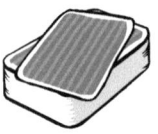

τράπουλα

jogo de cartas

παζλ

quebra-cabeças

SUPER
MEGA


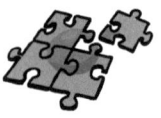

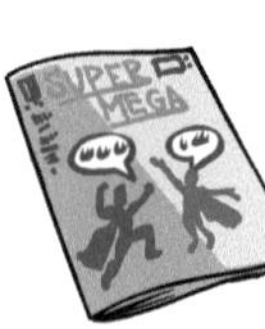

κόμικς

banda desenhada

τουβλάκια lego

peças de Lego

τουβλάκια κατασκευών

blocos de construção

φιγούρα δράσης

figura de ação

βρεφικό φορμάκι

fato de bebé

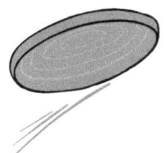

φρίσμπι

Frisbee

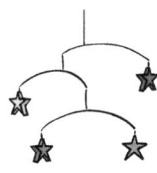

μόμπιλο

móbile para bebé

επιτραπέζιο παιχνίδι

jogo de tabuleiro

ζάρια

dados

σετ τρενάκι

pista de comboio elétrico

πιπίλα

chupeta

πάρτι

festa

εικονογραφημένο βιβλίο

livro ilustrado

μπάλα

bola

κούκλα

boneca

παίζω

jogar

σκάμμα με άμμο

caixa de areia

κούνια

baloiço

παιχνίδια

brinquedos

κονσόλα βιντεοπαιχνιδιών

consola de jogos

τρίκυκλο

triciclo

αρκουδάκι

ursinho de peluche

ντουλάπα

guarda-roupa

## ρούχα
## vestuário

κάλτσες

meias

καλτσοδέτες

meias pelo joelho

καλσόν

meias-calças

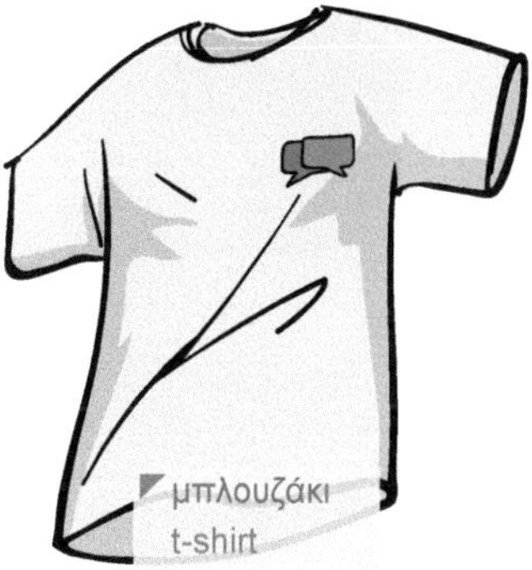

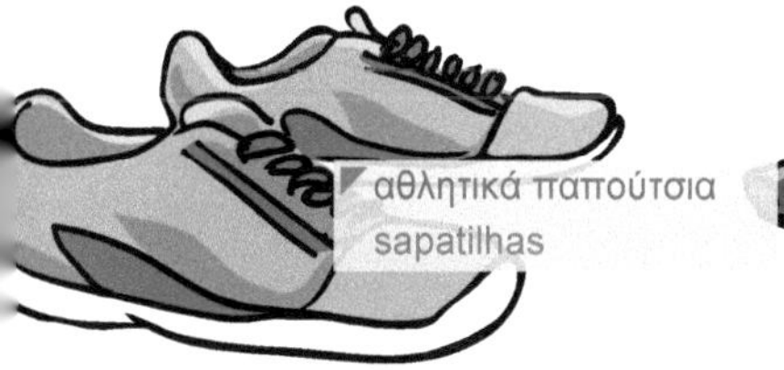

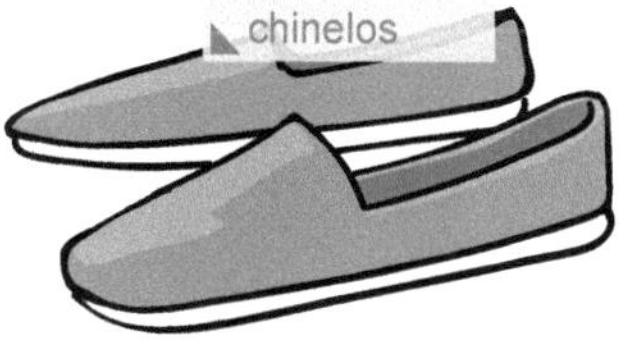

κασκόλ
cachecol

ζώνη
cinto

ομπρέλα
guarda-chuva

μπλουζάκι
t-shirt

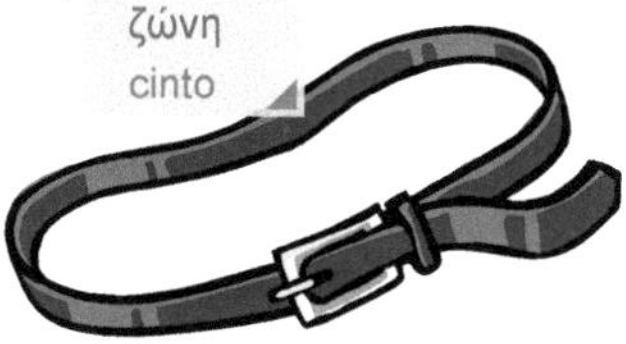

μπότες
botas

παντόφλες
chinelos

αθλητικά παπούτσια
sapatilhas

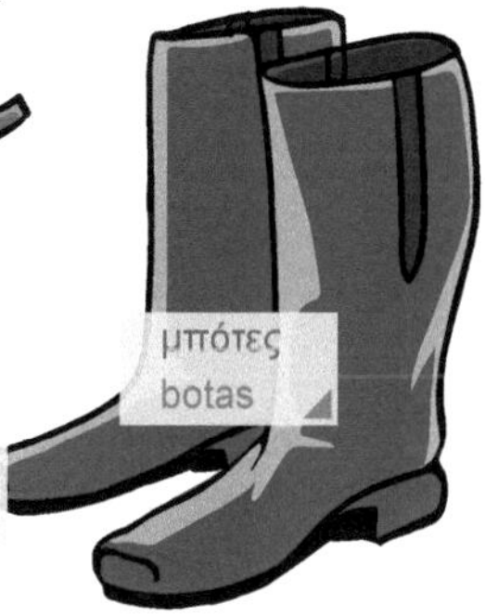

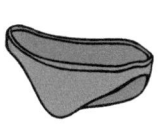

σανδάλια
................
sandálias

παπούτσια
................
sapatos

γαλότσες
................
botas de borracha

εσώρουχο
................
cuecas

σουτιέν
................
sutiã

φανέλα
................
camisola interior

σώμα

body

παντελόνι

calças

τζιν παντελόνι

calças de ganga

φούστα

saia

μπλούζα

blusa

πουκάμισο

camisa

πουλόβερ

pulôver

πουλόβερ

camisola com capuz

σακάκι

blazer

μπουφάν

casaco

παλτό

manto

αδιάβροχο πανωφόρι

gabardina

κοστούμι

traje

φόρεμα

vestido

νυφικό

vestido de casamento

κοστούμι

fato

νυχτικό

camisa de dormir

πιτζάμες

pijama

σάρι

sari

μαντήλι

lenço de cabeça

τουρμπάνι

turbante

μπούρκα

burca

καφτάνι

cafetã

μουσουλμανικό ένδυμα

abaya

ολόσωμο μαγιό

fato de banho

ανδρικό μαγιό

calções de banho

σορτς

calções

αθλητική φόρμα

fato de treino

ποδιά

avental

γάντια

luvas

κουμπί

botão

γυαλιά

óculos

βραχιόλι

pulseira

περιδέραιο

colar

δαχτυλίδι

anel

σκουλαρίκι

brinco

καπέλο

boné

κρεμάστρα

cabide

καπέλο

chapéu

γραβάτα

gravata

φερμουάρ

fecho de correr

κράνος

capacete

τιράντες

suspensórios

μαθητική στολή

uniforme escolar

στολή

uniforme

σαλιάρα

babete

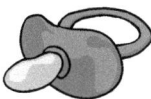

πιπίλα

chupeta

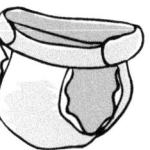

πάνα

fralda

# γραφείο
# escritório

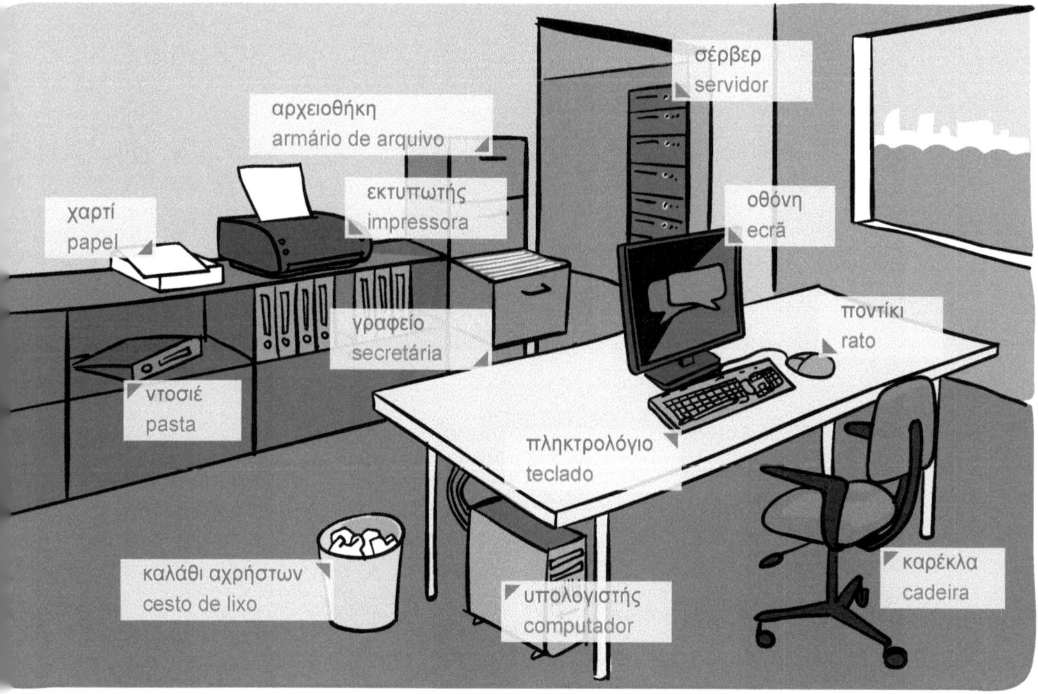

σέρβερ
servidor

αρχειοθήκη
armário de arquivo

χαρτί
papel

εκτυπωτής
impressora

οθόνη
ecrã

ποντίκι
rato

γραφείο
secretária

ντοσιέ
pasta

πληκτρολόγιο
teclado

καλάθι αχρήστων
cesto de lixo

υπολογιστής
computador

καρέκλα
cadeira

κούπα του καφέ

caneca de café

κομπιουτεράκι

calculadora

ίντερνετ

internet

λάπτοπ

computador portátil

γράμμα

carta

μήνυμα

mensagem

κινητό

telemóvel

δίκτυο

rede

φωτοτυπικό μηχάνημα

fotocopiadora

λογισμικό

software

τηλέφωνο

telefone

πρίζα

tomada elétrica

συσκευή φαξ

fax

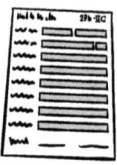

έντυπο

formulário

έγγραφο

documento

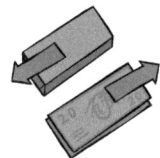

αγοράζω

comprar

πληρώνω

pagar

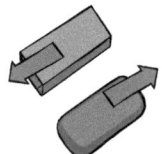

συναλλάσσομαι

negociar

χρήματα

dinheiro

δολάριο

dólar

ευρώ

euro

γιεν

yen

ρούβλι

rublo

ελβετικό φράγκο

franco suíço

ρενμίνμπι γιουάν

renminbi yuan

ρουπία

rupia

ATM (αυτόματη ταμειακή μηχανή)

caixa de multibanco

ανταλλακτήρια
συναλλάγματος
casa de câmbio

χρυσός

ouro

ασήμι

prata

πετρέλαιο

petróleo

ενέργεια

energia

τιμή

preço

συμβόλαιο

contrato

φόρος

imposto

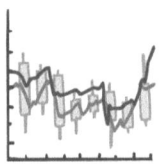

μετοχή

ação

δουλεύω

trabalhar

υπάλληλος

empregado

εργοδότης

entidade patronal

εργοστάσιο

fábrica

κατάστημα

loja

# επαγγέλματα
# profissões

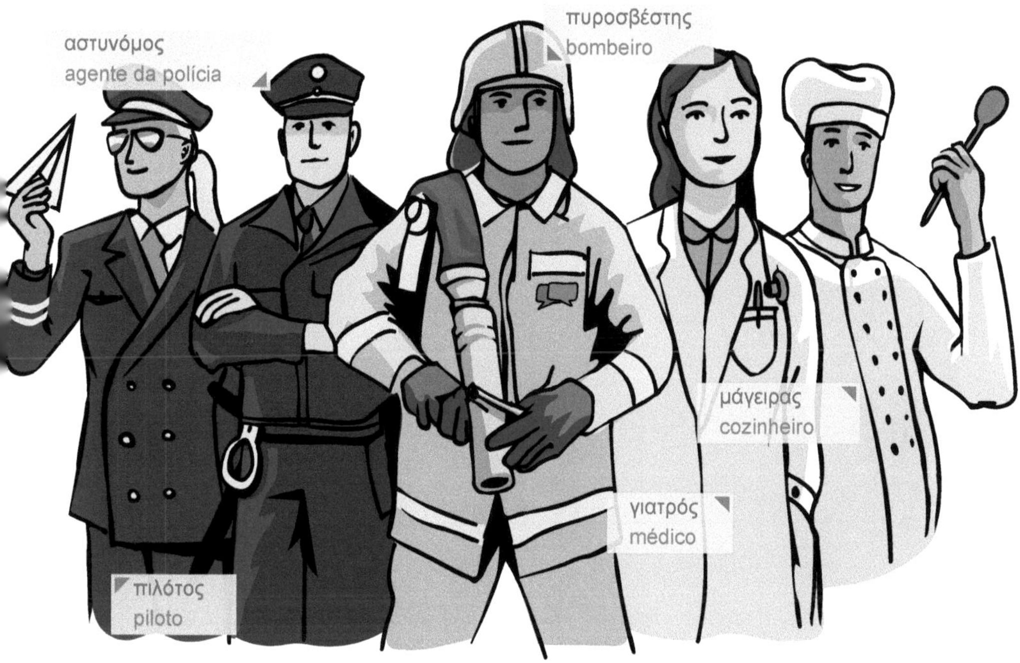

αστυνόμος
agente da polícia
πυροσβέστης
bombeiro
μάγειρας
cozinheiro
γιατρός
médico
πιλότος
piloto


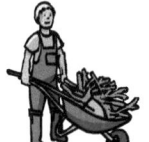

κηπουρός

jardineiro

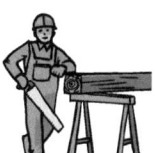

ξυλουργός

carpinteiro

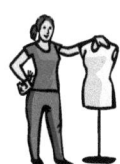

μοδίστρα

costureira

δικαστής

juiz

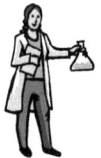

χημικός

químico

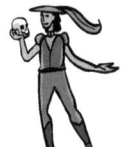

ηθοποιός

ator

οδηγός λεωφορείου

motorista de autocarro

ταξιτζής

motorista de táxi

ψαράς

pescador

καθαρίστρια

empregada de limpeza

τεχνίτης στεγών

telhador

σερβιτόρος

empregado de mesa

κυνηγός

caçador

ζωγράφος

pintor

αρτοποιός

padeiro

ηλεκτρολόγος

eletricista

οικοδόμος

construtor

μηχανολόγος

engenheiro

κρεοπώλης

talhante

υδραυλικός

canalizador

ταχυδρόμος

carteiro

στρατιώτης

soldado

αρχιτέκτονας

arquiteto

ταμίας

caixa

ανθοπώλης

florista

κομμωτής

cabeleireiro

ελεγκτής εισιτηρίων

controlador de bilhetes

μηχανικός

mecânico

καπετάνιος

capitão

οδοντίατρος

dentista

επιστήμονας

cientista

ραβίνος

rabino

ιμάμης

imã

μοναχός

monge

ιερέας

pastor

# εργαλεία
# ferramentas

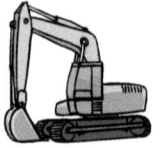

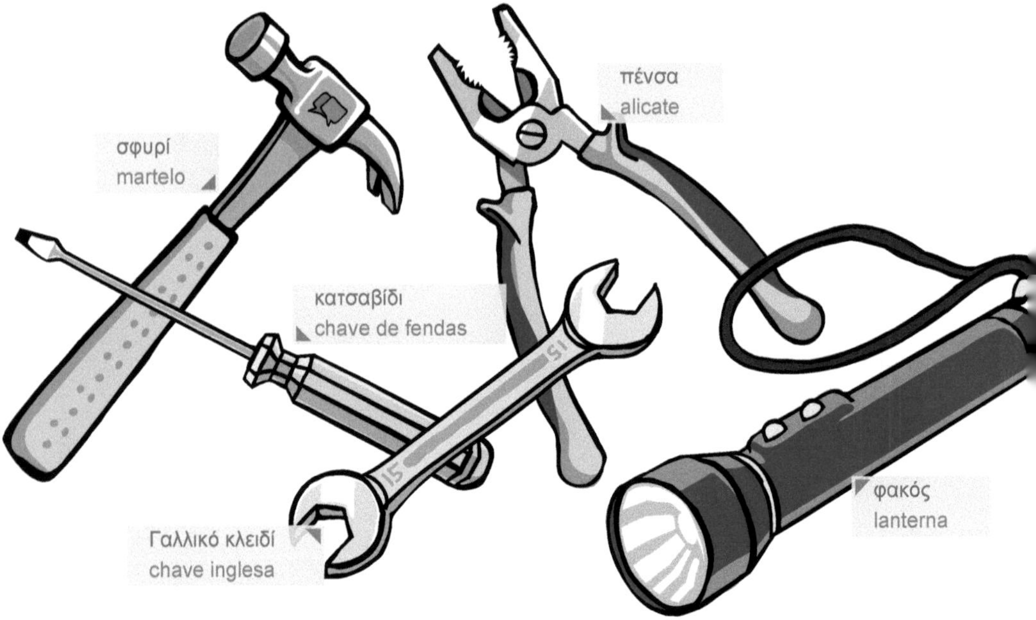

σφυρί
martelo
πένσα
alicate
κατσαβίδι
chave de fendas
Γαλλικό κλειδί
chave inglesa
φακός
lanterna


εκσκαφέας

escavadora

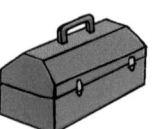

εργαλειοθήκη

caixa de ferramentas

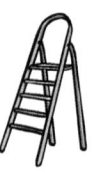

σκάλα

escadote

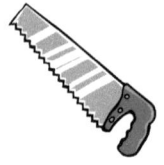

πριόνι

serra

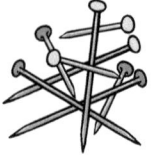

καρφιά

pregos

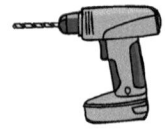

τρυπάνι

broca

επισκευάζω

reparar

φτυάρι

pá

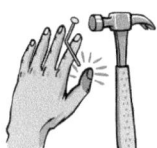

Να πάρει!

porcaria!

φαράσι

pá de lixo

δοχείο χρωμάτων

pote de tinta

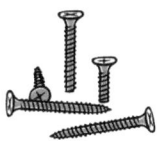

βίδες

parafusos

## μουσικά όργανα
## instrumentos musicais

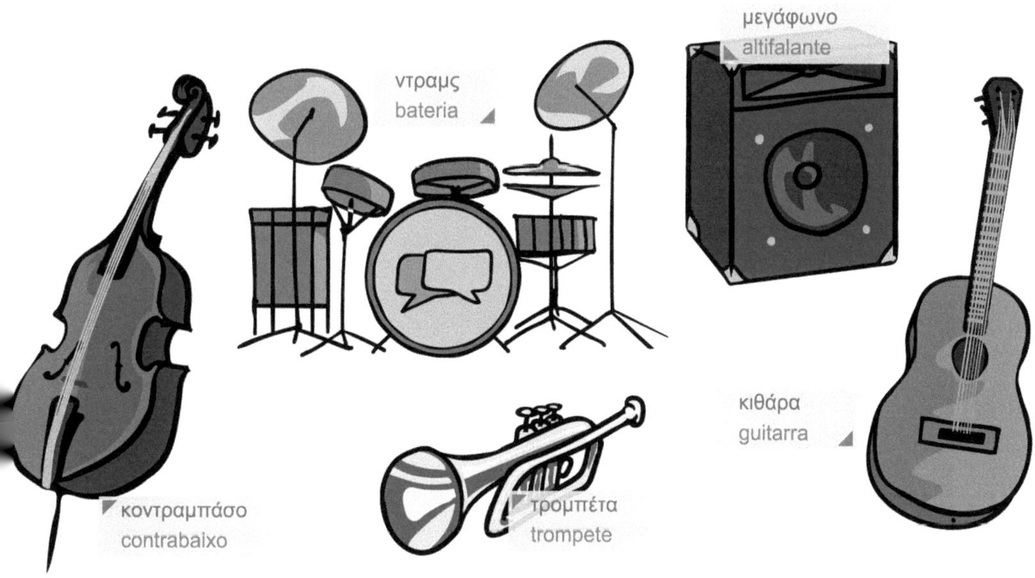

ντραμς
bateria

μεγάφωνο
altifalante

κιθάρα
guitarra

κοντραμπάσο
contrabaixo

τρομπέτα
trompete

πιάνο

piano

βιολί

violino

μπάσο

baixo

τύμπανα

timbales

τύμπανο

tambor

πλήκτρα

teclado

σαξόφωνο

saxofone

φλάουτο

flauta

μικρόφωνο

microfone

# ζωολογικός κήπος
# jardim zoológico

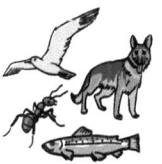

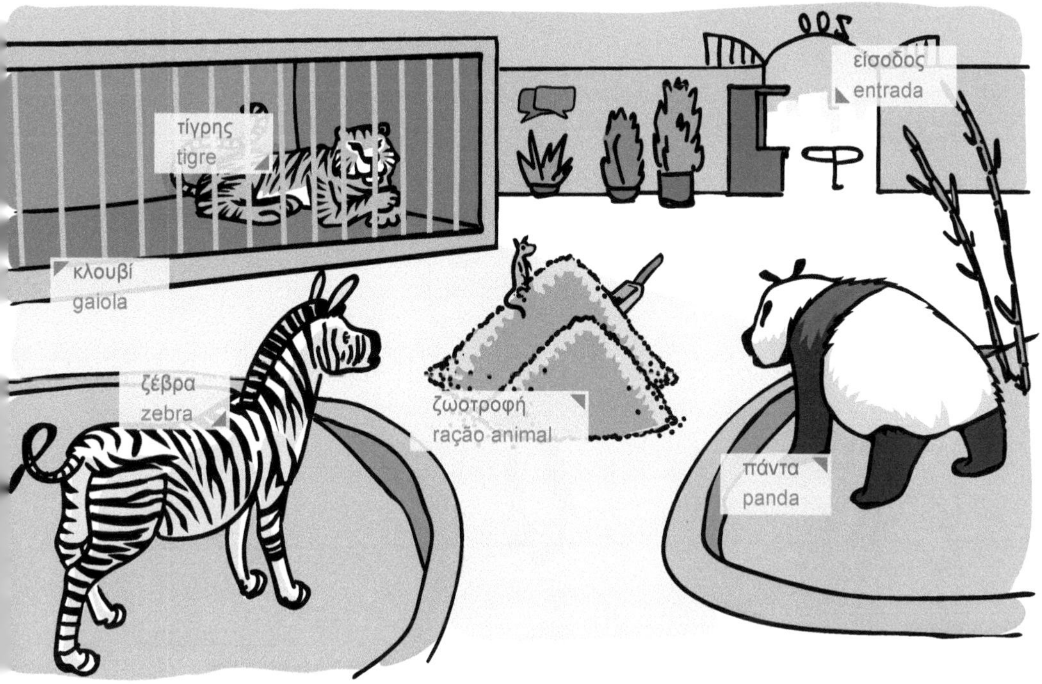

zoo
είσοδος
entrada
τίγρης
tigre
κλουβί
gaiola
ζέβρα
zebra
ζωοτροφή
ração animal
πάντα
panda


ζώα

animais

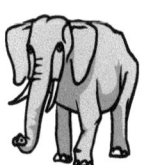

ελέφαντας

elefante

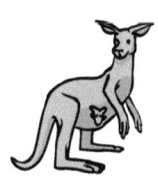

καγκουρό

canguru

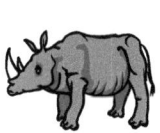

ρινόκερος

rinoceronte

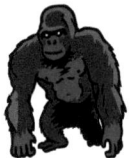

γορίλας

gorila

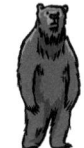

αρκούδα

urso

καμήλα

camelo

στρουθοκάμηλος

avestruz

λιοντάρι

leão

πίθηκος

macaco

φλαμίνγκο

flamingo

παπαγάλος

papagaio

πολική αρκούδα

urso polar

πιγκουίνος

pinguim

καρχαρίας

tubarão

παγώνι

pavão

φίδι

cobra

κροκόδειλος

crocodilo

φύλακας ζωολογικού κήπου

guarda do jardim zoológico

φώκια

foca

τζάγκουαρ

jaguar

πόνυ

pónei

λεοπάρδαλη

leopardo

ιπποπόταμος

hipopótamo

καμηλοπάρδαλη

girafa

αετός

águia

αγριογούρουνο

javali

ψάρι

peixe

χελώνα

tartaruga

θαλάσσιος ίππος

morsa

αλεπού

raposa

γαζέλα

gazela

Αμερικάνικο ποδόσφαιρο
futebol americano

ποδηλασία
ciclismo

αντισφαίριση
ténis

μπάσκετ
basquetebol

κολύμβηση
natação

πυγχαμία
boxe

χόκεϋ επί πάγου
hóquei no gelo

ποδόσφαιρο
futebol

μπάντμιντον
badminton

στίβος
atletismo

χάντμπολ
andebol

σκι
esqui

πόλο
polo

# δραστηριότητες
# atividades

γελάω
rir
πηδάω
saltar
αγκαλιάζω
abraçar
περπατάω
andar
τραγουδάω
cantar
ονειρεύομαι
sonhar
προσεύχομαι
rezar
φιλάω
beijar

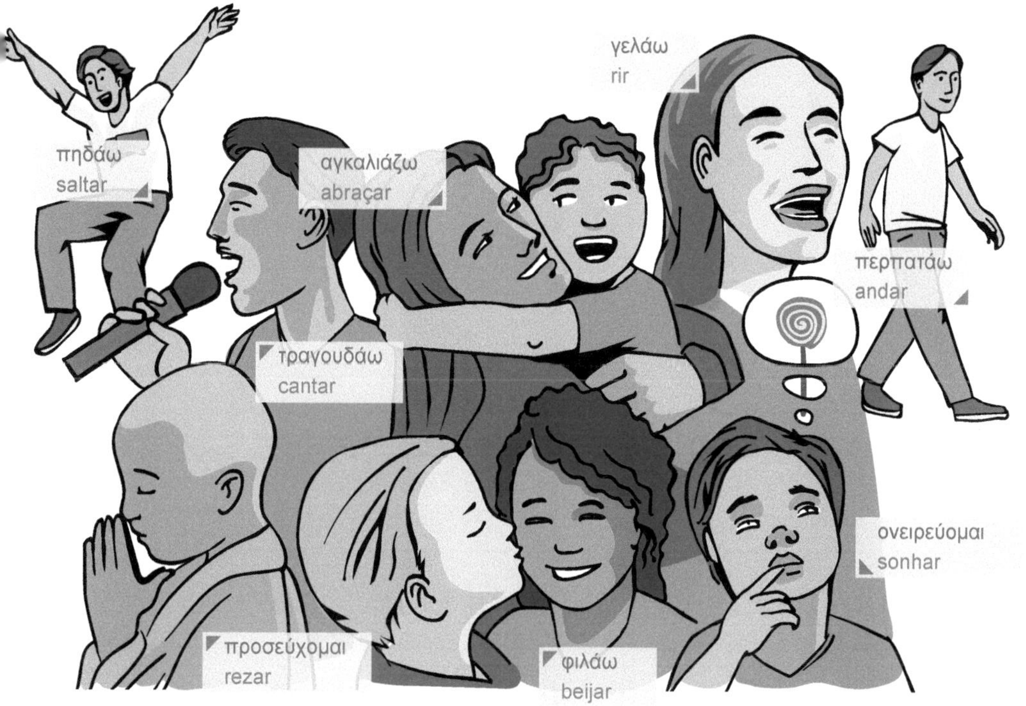

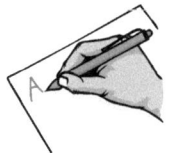

γράφω

escrever

σχεδιάζω

desenhar

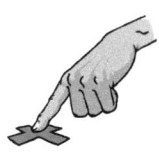

δείχνω

mostrar

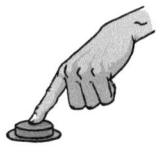

πιέζω

empurrar

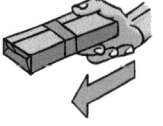

δίνω

dar

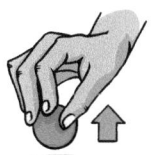

παίρνω

tomar

έχω

ter

κάνω

fazer

είμαι

ser

στέκομαι

ficar de pé

τρέχω

correr

τραβάω

puxar

ρίχνω

remessar

πέφτω

cair

ξαπλώνω

deitar

περιμένω

esperar

κουβαλώ

carregar

κάθομαι

sentar

φοράω

vestir

κοιμάμαι

dormir

ξυπνάω

acordar

κοιτάω

olhar para

κλαίω

chorar

χαϊδεύω

acariciar

χτενίζω

pentear

μιλάω

falar

καταλαβαίνω

compreender

ρωτάω

perguntar

ακούω

ouvir

πίνω

beber

τρώω

comer

συγυρίζω

arrumar

αγαπάω

amar

μαγειρεύω

cozinhar

οδηγώ

conduzir

πετάω

voar

κάνω ιστιοπλοΐα

velejar

υπολογίζω

calcular

διαβάζω

ler

μαθαίνω

aprender

δουλεύω

trabalhar

παντρεύομαι

casar

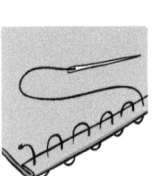

ράβω

costurar

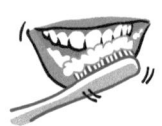

βουρτσίζω τα δόντια

escovar os dentes

σκοτώνω

matar

καπνίζω

fumar

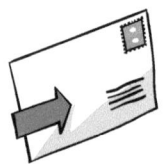

στέλνω

enviar

# οικογένεια
# família

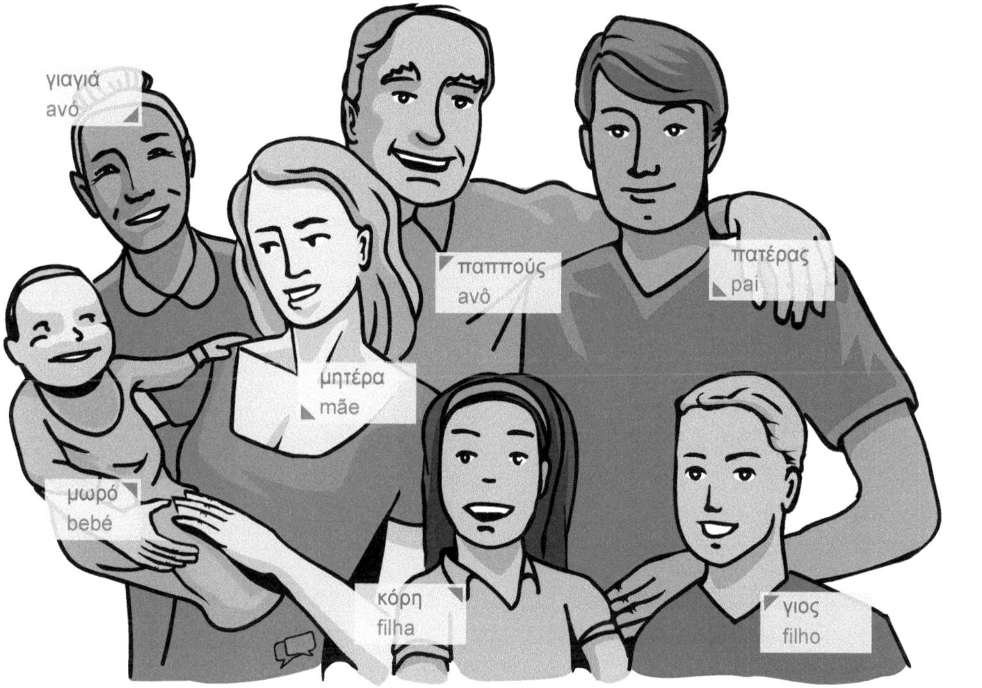
γιαγιά
avó
παππούς
avô
πατέρας
pai
μητέρα
mãe
μωρό
bebé
κόρη
filha
γιος
filho

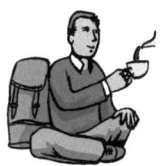

καλεσμένος

convidado

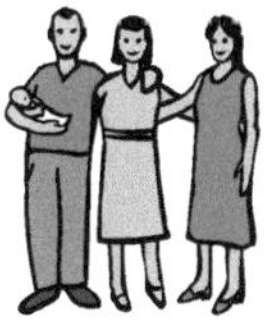

θεία

tia

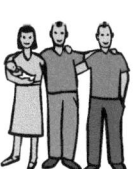

θείος

tio

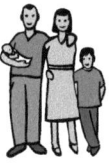

αδελφός

irmão

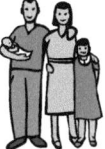

αδελφή

irmã

# σώμα
## corpo

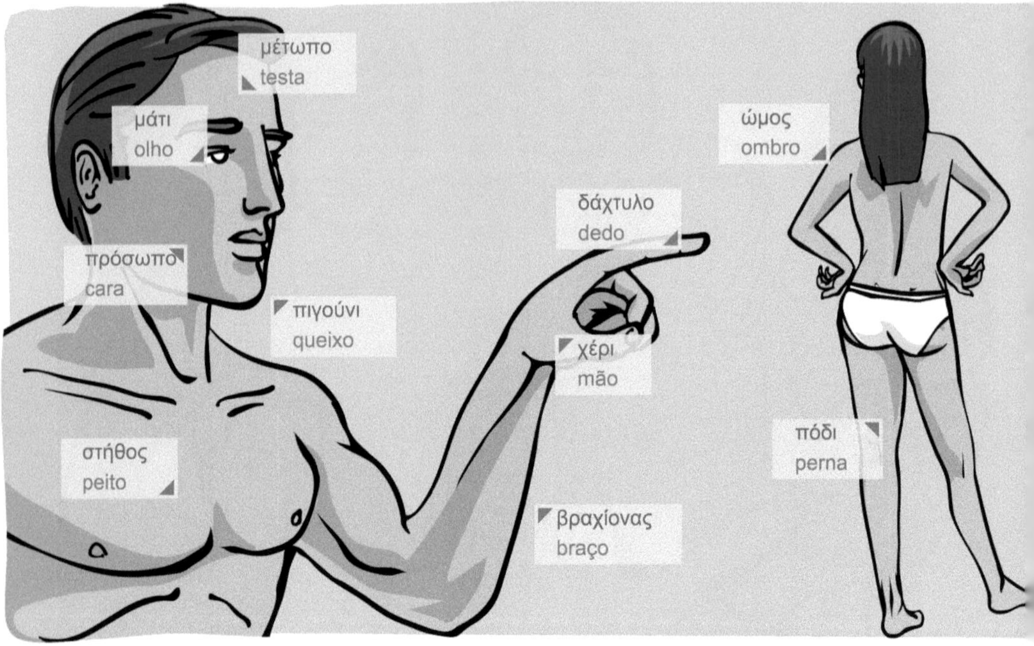

μέτωπο
testa

μάτι
olho

ώμος
ombro

δάχτυλο
dedo

πρόσωπο
cara

πιγούνι
queixo

χέρι
mão

στήθος
peito

πόδι
perna

βραχίονας
braço

μωρό

bebé

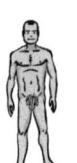

άνδρας

homem

γυναίκα

mulher

κορίτσι

menina

αγόρι

menino

κεφάλι

cabeça

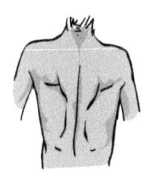

πλάτη

costas

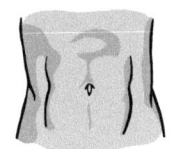

κοιλιά

barriga

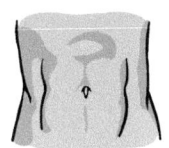

αφαλός

umbigo

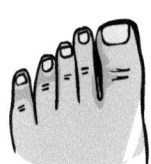

δάχτυλο ποδιού

dedo do pé

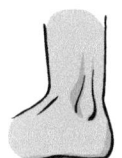

φτέρνα

calcanhar

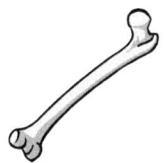

κόκκαλο

osso

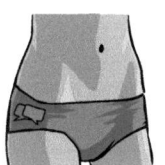

γοφός

anca

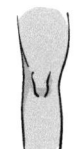

γόνατο

joelho

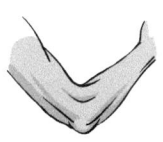

αγκώνας

cotovelo

μύτη

nariz

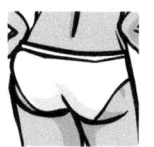

γλουτός

nádegas

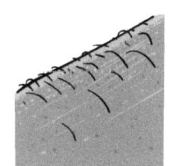

δέρμα

pele

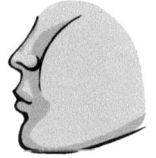

μάγουλο

bochecha

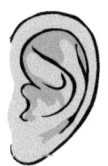

αυτί

orelha

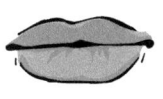

χείλος

lábio

στόμα

boca

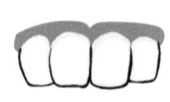

δόντι

dente

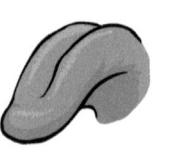

γλώσσα

língua

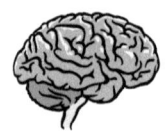

εγκέφαλος

cérebro

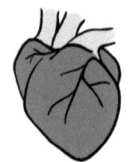

καρδιά

coração

μυς

músculo

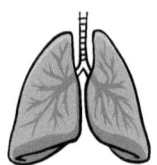

πνεύμονας

pulmão

συκώτι

fígado

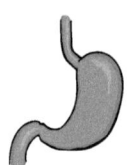

στομάχι

estômago

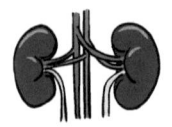

νεφρά

rins

σεξουαλική επαφή

relações sexuais

προφυλακτικό

preservativo

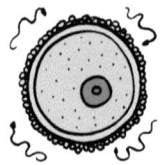

ωάριο

óvulo

σπέρμα

esperma

εγκυμοσύνη

gravidez

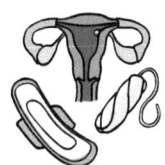

περίοδος

menstruação

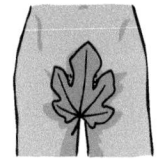

γυναικείος κόλπος

vagina

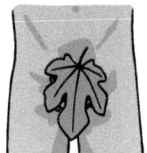

πέος

pénis

φρύδι

sobrancelha

μαλλιά

cabelo

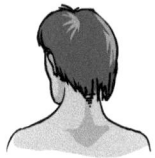

λαιμός

pescoço

σώμα - corpo

# νοσοκομείο
# hospital

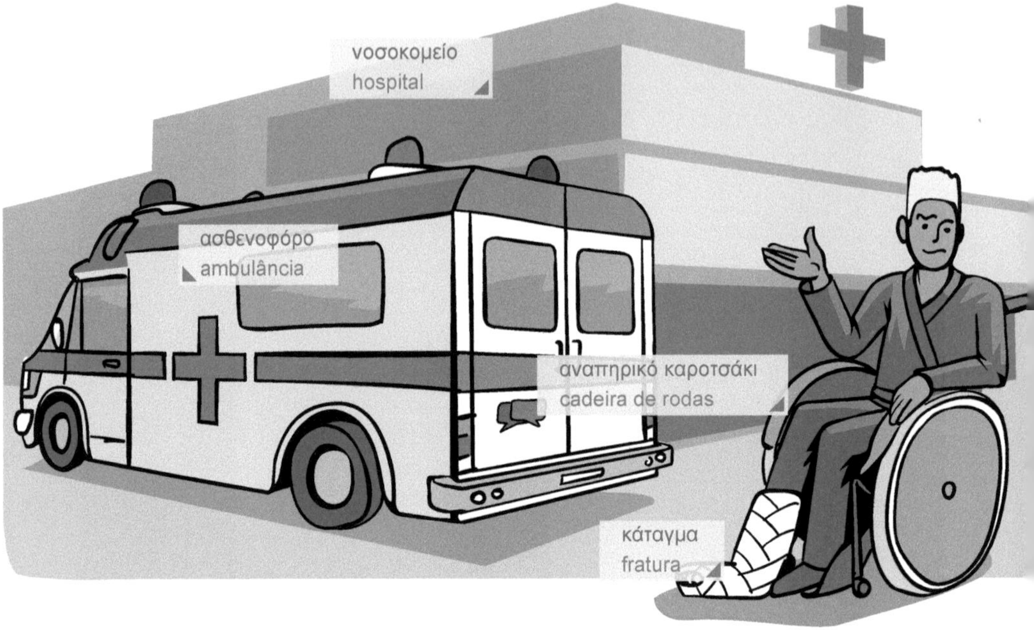

νοσοκομείο
hospital
ασθενοφόρο
ambulância
αναπηρικό καροτσάκι
cadeira de rodas
κάταγμα
fratura


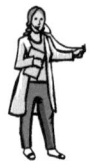

γιατρός

médico

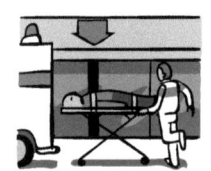

μονάδα εντατικής θεραπείας

serviço de urgências

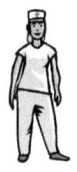

νοσοκόμα

enfermeira

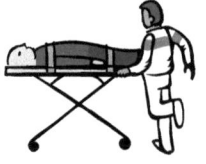

έκτακτη ανάγκη

emergência

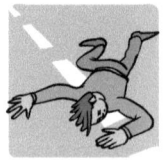

λιπόθυμος

inconsciente

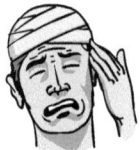

πόνος

dor

τραύμα

ferimento

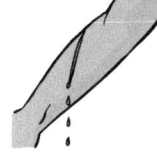

αιμορραγία

hemorragia

έμφραγμα

ataque cardíaco

εγκεφαλικό

acidente vascular cerebral

αλλεργία

alergia

βήχας

tosse

πυρετός

febre

γρίπη

gripe

διάρροια

diarreia

πονοκέφαλος

dor de cabeça

καρκίνος

cancro

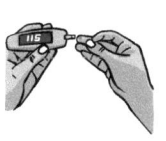

διαβήτης

diabetes

χειρουργός

cirurgião

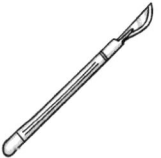

νυστέρι

bisturi

εγχείρηση

operação

αξονική τομογραφία

CT

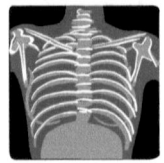

ακτινογραφία

raio x

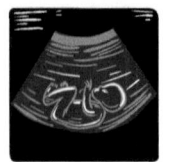

υπέρηχος

ultrassom

μάσκα

máscara

ασθένεια

doença

αίθουσα αναμονής

sala de espera

πατερίτσα

muleta

χάνσαπλαστ

penso rápido

επίδεσμος

ligadura

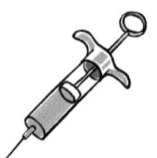

ένεση

injeção

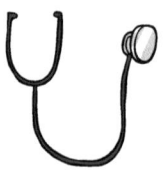

στηθοσκόπιο

estetoscópio

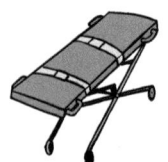

φορείο

maca

θερμόμετρο

termómetro

γέννηση

nascimento

υπέρβαρο

excesso de peso

ακουστικό βαρηκοΐας

aparelho auditivo

αντισηπτικό

desinfetante

λοίμωξη

infeção

ιός

vírus

HIV/AIDS

HIV / SIDA

φάρμακο

medicamento

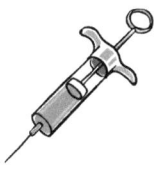

εμβολιασμός

vacinação

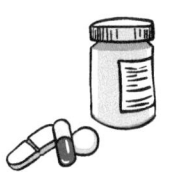

δισκία

comprimidos

χάπι

pílula

κλήση έκτακτης ανάγκης

chamada de emergência

πιεσόμετρο αίματος

dispositivo de medição de
pressão arterial

άρρωστος / υγιής

doente / saudável

Βοήθεια!
Socorro!

συναγερμός
alarme

βιαιοπραγία
assalto

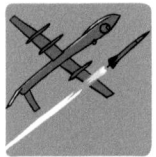

επίθεση
ataque

κίνδυνος
perigo

έξοδος κινδύνου
saída de emergência

Φωτιά!
Fogo!

πυροσβεστήρας
extintor de incêndios

ατύχημα
acidente

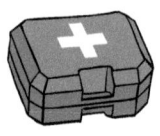

κουτί πρώτων βοηθειών
estojo de primeiros socorros

SOS
SOS

αστυνομία
polícia

Ευρώπη

Europa

Βόρεια Αμερική

América do Norte

Νότια Αμερική

América do Sul

Αφρική

África

Ασία

Ásia

Αυστραλία

Austrália

Ατλαντικός Ωκεανός

Atlântico

Ειρηνικός Ωκεανός

Pacífico

Ινδικός Ωκεανός

Oceano Índico

Ανταρκτικός Ωκεανός

Oceano Antártico

Αρκτικός Ωκεανός

Oceano Ártico

Βόρειος Πόλος

Polo Norte

Νότιος Πόλος

Polo Sul

Ανταρκτική

Antártica

Γη

terra

γη

país

θάλασσα

mar

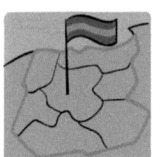

νησί

ilha

έθνος

nação

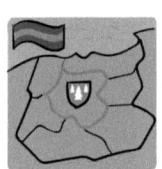

πολιτεία

estado

καντράν ρολογιού

mostrador do relógio

ωροδείκτης

ponteiro das horas

λεπτοδείκτης

ponteiro dos minutos

δείκτης δευτερολέπτων

ponteiro dos segundos

Τι ώρα είναι;

Que horas são?

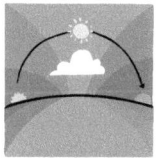

ημέρα

dia

χρόνος

tempo

τώρα

agora

ψηφιακό ρολόι

relógio digital

λεπτό

minuto

ώρα

hora

# εβδομάδα
## semana

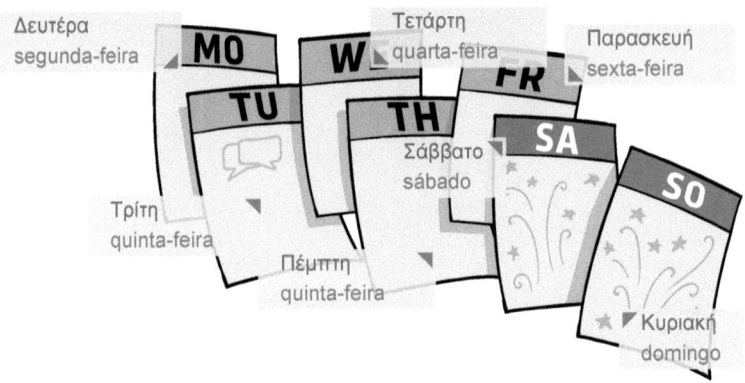

Δευτέρα
segunda-feira

Τετάρτη
quarta-feira

Παρασκευή
sexta-feira

Τρίτη
quinta-feira

Πέμπτη
quinta-feira

Σάββατο
sábado

Κυριακή
domingo

χθες

ontem

σήμερα

hoje

αύριο

amanhã

πρωί

manhã

μεσημέρι

meio-dia

βράδυ

entardecer

εργάσιμες ημέρες

dias úteis

Σαββατοκύριακο

fim de semana

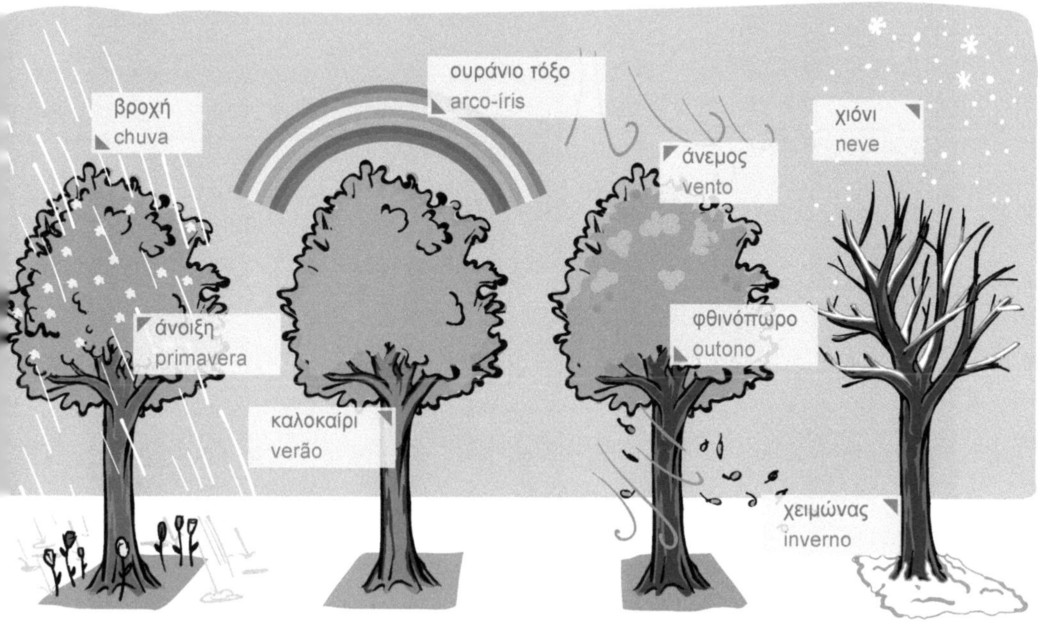

ουράνιο τόξο
arco-íris
βροχή
chuva
χιόνι
neve
άνεμος
vento
άνοιξη
primavera
φθινόπωρο
outono
καλοκαίρι
verão
χειμώνας
inverno

4.APRIL 11°
5.APRIL 4°
6.APRIL 13°
7.APRIL 8°
8.APRIL 10°

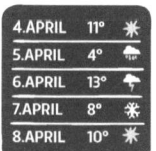

πρόγνωση καιρού
.................
previsão do tempo

F
C
120
90
60
30
0
-30
40
30
20
10
0
-10
-20

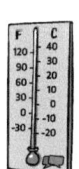

θερμόμετρο
.................
termómetro



λιακάδα
.................
raios de sol

σύννεφο
.................
nuvem

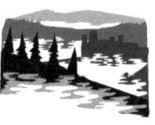

ομίχλη
.................
neblina / nevoeiro

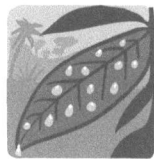

υγρασία
.................
humidade do ar

αστραπή

relâmpago

κεραυνός

trovão

καταιγίδα

tempestade

χαλάζι

granizo

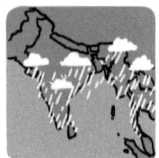

μουσώνας

monção

πλημμύρα

inundação

πάγος

gelo

Ιανουάριος

janeiro

Φεβρουάριος

fevereiro

Μάρτιος

março

Απρίλιος

abril

Μάιος

maio

Ιούνιος

junho

Ιούλιος

julho

Αύγουστος

agosto

έτος - ano

Σεπτέμβριος

setembro

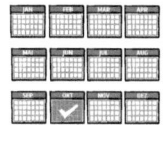

Οκτώβριος

outubro

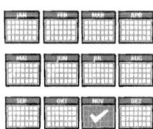

Νοέμβριος

novembro

Δεκέμβριος

dezembro

## σχήματα
## formas

κύκλος

círculo

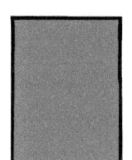

τετράγωνο

quadrado

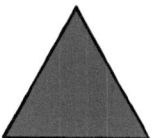

ορθογώνιο
παραλληλόγραμμο
retângulo

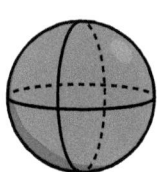

τρίγωνο

triângulo

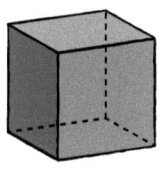

σφαίρα

esfera

κύβος

cubo

# χρώματα
## cores

άσπρο
branco

κίτρινο
amarelo

πορτοκαλί
laranja

ροζ
rosa

κόκκινο
vermelho

μωβ
lilás

μπλε
azul

πράσινο
verde

καφέ
castanho

γκρι
cinzento

μαύρο
preto

πολύ / λίγο

muito / pouco

θυμωμένος / ήρεμος

furioso / calmo

όμορφος / άσχημος

lindo / feio

αρχή / τέλος

princípio / fim

μεγάλος / μικρός

grande / pequeno

φωτεινός / σκοτεινός

claro / escuro

αδελφός / αδελφή

irmão / irmã

καθαρός / λερωμένος

limpo / sujo

πλήρης / ατελής

completo / incompleto

ημέρα / νύχτα

dia / noite

νεκρός / ζωντανός

morto / vivo

φαρδύς / στενός

largo / estreito

βρώσιμος / μη βρώσιμος

comestível / não comestível

κακός / ευγενικός

mau / gentil

ενθουσιασμένος / βαριεστημένος

entusiasmado / entediado

παχύς / λεπτός

gordo / magro

πρώτος / τελευταίος

primeiro / último

φίλος / εχθρός

amigo / inimigo

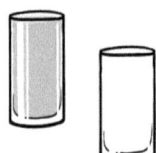

γεμάτος / άδειος

cheio / vazio

σκληρός / μαλακός

duro / macio

βαρύς / ελαφρύς

pesado / leve

πείνα / δίψα

fome / sede

άρρωστος / υγιής

doente / saudável

παράνομος / νόμιμος

ilegal / legal

έξυπνος / χαζός

inteligente / burro

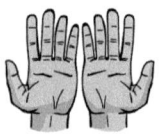

αριστερός / δεξιός

esquerda / direita

κοντινός / μακρινός

perto / longe

καινούριος / μεταχειρισμένος

novo / usado

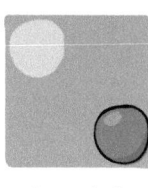

τίποτα / κάτι

nada / algo

γέρος | νέος

velho / jovem

αναμμένος / σβηστός

ligado / desligado

ανοιχτός / κλειστός

aberto / fechado

χαμηλόφωνος / μεγαλόφωνος

baixo / alto

πλούσιος / φτωχός

rico / pobre

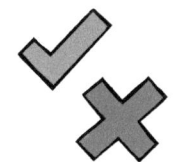

σωστός / λανθασμένος

certo / errado

τραχύς / λείος

áspero / liso

λυπημένος / χαρούμενος

triste / feliz

κοντός / μακρύς

curto / longo

αργός / γρήγορος

lento / rápido

υγρός / στεγνός

molhado / seco

ζεστός / δροσερός

ameno / fresco

πόλεμος / ειρήνη

guerra / paz

| **0** | **1** | **2** |
|:---:|:---:|:---:|
| μηδέν | ένα | δύο |
| zero | um | dois |

| **3** | **4** | **5** |
|:---:|:---:|:---:|
| τρία | τέσσερα | πέντε |
| três | quatro | cinco |

| **6** | **7** | **8** |
|:---:|:---:|:---:|
| έξι | εφτά | οκτώ |
| seis | sete | oito |

| **9** | **10** | **11** |
|:---:|:---:|:---:|
| εννιά | δέκα | έντεκα |
| nove | dez | onze |

## 12
δώδεκα
doze

## 13
δεκατρία
treze

## 14
δεκατέσσερα
catorze

## 15
δεκαπέντε
quinze

## 16
δεκαέξι
dezasseis

## 17
δεκαεφτά
dezassete

## 18
δεκαοκτώ
dezoito

## 19
δεκαεννέα
dezanove

## 20
είκοσι
vinte

## 100
εκατό
cem

## 1.000
χίλια
mil

## 1.000.000
εκατομμύριο
milhão

Αγγλικά

inglês

Αμερικάνικα Αγγλικά

inglês americano

Μανδαρίνικα Κινέζικα

chinês mandarim

Χίντι

hindi

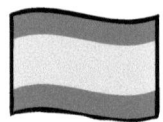

Ισπανικά

espanhol

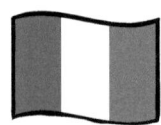

Γαλλικά

francês

Αραβικά

árabe

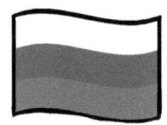

Ρώσικα

russo

Πορτογαλικά

português

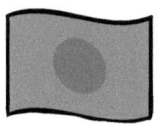

Μπενγκάλι

bengalês

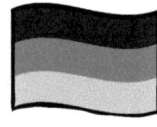

Γερμανικά

alemão

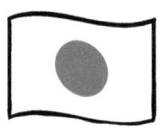

Ιαπωνικά

japonês

εγώ

eu

εσύ

tu

αυτός / αυτή / αυτό

ele / ela

εμείς

nós

εσείς

vós

αυτοί / αυτές / αυτά

eles / elas

ποιος / ποια / ποιο;

quem?

τι;

o quê?

πώς;

como?

πού;

onde?

πότε;

quando?

όνομα

nome

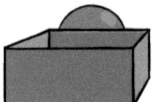

πίσω

atrás

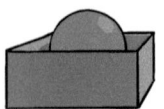

μέσα

em

μπροστά

à frente de

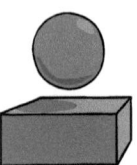

πάνω από

sobre

πάνω

em cima

κάτω

debaixo

δίπλα

ao lado

ανάμεσα

entre

μέρος

lugar

.